Inhalt

Vorwort

„Ich lebe mein Leben in wachsenden Ringen", so beginnt das
zweite Gedicht von Rainer Maria Rilke aus seinem *Buch vom
mönchischen Leben*. Rilke denkt in diesem Text über das Le-
ben nach. Er ist überzeugt: Damit unser Leben gelingt, müs-
sen wir Ja zum Leben sagen. Denn es ist kein fester Besitz,
den wir nur anzunehmen brauchen oder hinnehmen müssen.
Es besteht vielmehr darin, selber immer mehr hineinzuwach-
sen in das Geheimnis unseres Daseins. Zu unserem Leben
gehört auch die Ungewissheit, ob es gelingt, ob wir alle Ringe
unseres Lebens auch bewusst durchschreiten. „Ich werde den
letzten vielleicht nicht vollbringen, aber versuchen will ich
ihn." Darum geht es also: das Leben immer neu zu wagen.

Die Gedichte, die ich in diesem Buche meditiere, wollen dem
Geheimnis des Lebens nachspüren. Die Texte der großen
Dichter wollen uns einladen, das Leben immer neu zu versu-
chen, es immer wieder neu zu wagen. Diese Einladung ist
nach wie vor aktuell. Denn heute bleiben viele Menschen lie-
ber als Zuschauer vor dem Leben stehen. Sie haben Angst,
sich auf das Leben einzulassen. Weil das Leben ein Wagnis ist,
brauchen wir solche Zusagen, wie sie der Barockpoet und
Arzt Paul Fleming, der 1640 knapp 31-jährig starb, uns gibt:
„Sei dennoch unverzagt. Gib dennoch unverloren,/ Weich kei-
nem Glücke nicht." Das streng geformte Sonett trägt den Titel
„An sich" und ist viel mehr als die beruhigende Ansprache
eines inneren Ich an sich selber. Flemings Gedicht ist eine
Summe seiner Lebenskunst – und eine Weisheit, die immer
noch gilt: Glück ist nichts für feige Menschen. Unverzagtes

Glück wird nur dem zuteil, der den Mut hat, sich dem Leben zu stellen: dem Leben mit all seinen Facetten.

Das macht ja große Dichtung aus: dass sie die Höhen und Tiefen des menschlichen Daseins beschreibt. Sie will uns die Augen öffnen für die Geheimnisse unseres Lebens, für die Geheimnisse der Schöpfung. Dazu inspirieren uns insbesondere Gedichte: Nichts ist selbstverständlich zu nehmen. Überall begegnet uns das Wunder. Alles, was wir schauen, wird zum Symbol für das Geheimnis unseres Lebens. Die Dichter lehren uns, dem Unaussprechlichen in den Dingen nachzuspüren. Sie wollen – durch die Kraft ihrer Sprache – die Dinge zum Sprechen bringen, damit sie uns künden von dem, was unser Leben trägt. In der Sprache, im genauen Hinhören auf die Worte und ihre Bilder machen Sie Unvertrautes auf einmal vertraut, erhellen sie oft blitzartig eine Wahrheit. Die Romantiker verstanden den Dichter als Seher und als Sprecher des Wunderbaren. Heute verstehen wir Dichtung anders. Sie verzaubert nicht nur die Wirklichkeit des Alltags, sie setzt sich auch kritisch auseinander mit der Realität unserer Welt. Sie deckt uns die Gefahren auf, die uns in der Welt umgeben, die das Gelingen unseres Lebens gefährden. Aber trotz aller Kritik an der Wirklichkeit eröffnen uns die Dichter auch immer wieder einen Blick in einen größeren Horizont.

Man hat Gedichte Mystik für Anfänger genannt. Mystik ist – so versteht es der indische Jesuit Anthony de Mello – Aufwachen zur Wirklichkeit. Man kann Gedichte als spirituelle Texte verstehen. Spiritualität besteht ja auch darin, die Wirklichkeit auf poetische Weise wahrzunehmen, alles zum Symbol für unser Leben werden zu lassen. Das hat eine große Tradition. So hat es Jesus selbst getan, der in seinen Bildworten Dinge dieser Welt als Ausdruck unseres Lebens vor Gott genommen hat. Und Jesus selbst hat in seinen Gleichnissen diese Welt auf poetische Weise wahrgenommen. Er hat die Dinge dieser Welt beschrieben und das, was er in der Natur, im menschlichen Leben, in seiner Arbeit und in seinen Beziehungen wahrgenommen hat, als Bild für unsere Beziehung zu Gott genommen.

In diesem Band möchte ich Gedichte nicht als Germanist auslegen, sondern als einer, der sich auf die Worte der Dichter einlässt, sie im Lesen auf sich wirken lässt. Ich habe mich gefragt, was diese Worte bei mir auslösen. Und ich habe den Gedanken getraut, die mir beim Lesen und Meditieren der Gedichte gekommen sind. Es sind subjektive Gedanken. Sie, lieber Leser, liebe Leserin, können die Gedichte ganz anders auslegen. Ich möchte Sie mit meinen Deutungen einladen, die Worte der Dichter mit ihrer eigenen Lebenserfahrung zu hören und auf Ihre ganz persönliche Weise auszulegen. Hören Sie in sich hinein, was Sie selbst inspiriert, wenn Sie diese Gedichte lesen. Welche Assoziationen kommen in Ihnen hoch? Welche Bilder werden wachgerufen? Was berührt Sie beim Lesen? Was bewirken die Worte in Ihnen? Welche Sehnsüchte steigen auf, welche Hoffnungen?

„Schau alle Sachen an. Dies alles ist in dir", so heißt es in dem eingangs zitierten Gedicht von Fleming. Was die Dichter beschreiben, das bringt uns in Berührung mit dem, was wir in unserer Seele immer schon erahnen. Was Rainer Maria Rilke vom Torso des Apollo schreibt, gilt auch für jede Stelle seiner Gedichte: „Da ist keine Stelle, die dich nicht sieht. Du musst dein Leben ändern." Die Worte der Dichter decken auf, was in uns ist. Und sie sind eine Einladung, uns von den Worten verwandeln zu lassen. Rilke lädt uns ein, über uns selbst nachzudenken, wenn er schreibt, dass wir alle um Gott, den uralten Turm kreisen. Uns geht es wie ihm: „Und ich weiß noch nicht: bin ich ein Falke, ein Sturm oder ein Gesang." Wir wissen noch nicht, wer wir sind. Aber die Worte der Dichter zeigen uns einen Weg, wie wir uns selbst begegnen und erkennen können.

So wünsche ich Ihnen, liebe Leserin, lieber Leser, dass die Gedichte und meine Gedanken dazu, Ihre Augen öffnen für das Geheimnis Ihres eigenen Lebens. Und ich wünsche Ihnen, dass Sie durch die Erfahrungen der Dichter, die in diesen Worten zum Ausdruck kommen, Ihre eigenen Erfahrungen besser verstehen und dass Sie in allem Dunklen und Traurigen, das Ihnen in den Gedichten – wie in Ihrem Leben – begegnet, doch auch immer wieder Glück entdecken: ein Glück, das alle Mutlosigkeit und Verzagtheit aufhebt in einen größeren Zusammenhang. Die Gedichte führen uns nicht in eine heile Welt. Aber sie lassen das Heile und Beglückende in allem Schmerzhaften dieses Lebens immer wieder aufleuchten. Mögen die Worte der Dichter auch in Ihr Leben Licht bringen und Hoffnung auf Gelingen.

Auf einen chinesischen Teewurzellöwen

Die Schlechten fürchten deine Klaue.
Die Guten freuen sich deiner Grazie.
Derlei
Hörte ich gern
Von meinem Vers.

Bertolt Brecht

Bert Brecht betrachtet einen chinesischen Teewurzellöwen. Ein solcher Löwe kann Angst machen, aber er entzückt auch durch seine Grazie, durch seine Schönheit. Der Dichter weiß, dass unsere Reaktionen etwas aussagen über uns selbst. Wenn wir Angst haben vor seinen Klauen, dann verweist uns die Angst auch auf das, was wir in uns selber ablehnen, auf das in uns, wovor wir Angst haben, weil es nicht unserem Idealbild von uns selbst entspricht. Ich erlebe oft, wie Menschen auf bestimmte Sätze der Bibel mit Angst und Widerstand reagieren. Sie kommen durch die Worte mit ihrer eigenen Seele in Berührung, die voller Angst vor der eigenen Wahrheit ist. Andere sind begeistert von dem wunderbaren Bild des Löwen. Sie spüren die Kraft und die Schönheit in ihm. Für den Dichter ist das ein Zeichen, dass sie mit sich selbst im Einklang sind. Das Schöne des Löwen erinnert sie an die Schönheit ihrer eigenen Seele. Weil sie gut sind, können sie das Gute in diesem Bild sehen.

Bert Brecht wünscht sich nun, dass seine Verse, seine Worte eine ähnliche Wirkung auf die Leser und Leserinnen, auf die Hörer und Hörerinnen haben. Er möchte gar nicht von allen bewundert werden. Er möchte durch seine Worte die Menschen in ihre Wahrheit führen. Sie sollen sich entweder über seine Worte ärgern, weil sie sie an Dinge in ihrer Seele erinnern, die sie am liebsten übersehen möchten. Brecht möchte geradezu, dass manche Worte in den Lesern Angst erzeugen. Dann könnten sie spüren, dass sie nicht im Einklang sind mit sich selbst. Er möchte aber auch, dass andere sich an seinen Worten freuen. Sie erkennen an ihrer Freude über die Worte des Dichters, dass auf dem Grund ihrer Seele Freude ist. Da ist keine Angst vor der Wahrheit, sondern die Freude am Sein, die Freude an der eigenen Existenz.

Aber auch dies: Die Worte eines Gedichts sollen die Menschen die Freude spüren lassen, die auf dem Grund ihrer Seele in ihnen ist. Sie sollen sich freuen nicht über die Worte des Dichters, sondern letztlich über sich selbst, dass sie das, was er schreibt, in ihrer Seele entdecken.

Rat zum guten Beginn

Die ein gutes Leben beginnen wollen,
die sollen es machen wie einer,
der einen Kreis zieht.
Hat er den Mittelpunkt des Kreises richtig angesetzt
und steht der fest,
dann wird auch die Kreislinie gut.

Meister Eckhart

Meister Eckhart gibt einen guten Rat für jeden neuen Anfang, den wir gerne setzen möchten. Wir sollen zuerst den Mittelpunkt unseres Lebens erkennen. Worum geht es in meinem Leben? Was ist das Ziel? Was ist meine Mitte? Meister Eckhart ist überzeugt, dass Gott der Mittelpunkt des Kreises ist, dass er die Mitte ist, um die unser Leben kreist. Ignatius von Loyola wird diesen Mittelpunkt später „Fundament" nennen. Er versteht darunter, dass Gott das eigentliche Ziel unseres Lebens ist. Wenn wir das in unserem Denken und Fühlen geklärt haben, dann wird auch unser Leben gelingen. Wenn es in allem, was wir tun, um Gott geht, dann können wir den Kreis gut zeichnen. Er wird rund werden und sich nicht irgendwohin verlieren.

Ein anderer Zugang zum Mittelpunkt, um den ich den Kreis zeichne, könnte die Frage sein: Was will ich wirklich? Worum geht es mir in meinem Leben? Oder wir könnten uns die Frage von Jesus stellen lassen, der den blinden Bartimäus fragt: „Was willst du, dass ich dir tun soll?" (Mk 10,51) Was möchte ich selber tun und was möchte ich, dass Christus an mir tut? Wenn ich mir diese beiden Fragen stelle, werde ich erkennen, dass sie mich gemeinsam in die Mitte führen, zum Grund meines Lebens. Von diesem Grund aus kann ich das Haus meines Lebens richtig bauen. Von dieser Mitte aus kann ich den Kreis meines Lebens so ansetzen, dass er gelingt.

Auf ein kleines Kind

Dir wachsen die rosigen Füße;
Die Sonnenländer zu suchen:
Die Sonnenländer sind offen!
An schweigenden Wipfeln blieb dort
Die Luft der Jahrtausende hangen,
Die unerschöpflichen Meere
Sind immer noch, immer noch da.
Am Rande des ewigen Waldes
Willst du aus der hölzernen Schale
Die Milch mit der Unke dann teilen?
Das wird eine fröhliche Mahlzeit,
Fast fallen die Sterne hinein!

Am Rande des ewigen Meeres
Schnell findest du einen Gespielen:
Den freundlichen guten Delphin.
Er springt dir ans Trockne entgegen,
Und bleibt er auch manchmal aus,
So stillen die ewigen Winde
Dir bald die aufquellenden Tränen.
Es sind in den Sonnenländern
Die alten, erhabenen Zeiten
Für immer noch, immer noch da!
Die Sonne mit heimlicher Kraft,
Sie formt dir die rosigen Füße,
Ihr ewiges Land zu betreten.

Hugo von Hofmannsthal

Das Kind ist ein altes Bild für den Anfang und für Hoffnung, für Herkunft, aber auch für Zukunft. Im Kind ist noch die Vitalität der Natur, die vertraut ist mit den Tieren, den unansehnlichen ebenso wie den freundlichen. In den Sonnenländern, so der Dichter, hat das Kind Anteil an den alten erhabenen Zeiten. Es trinkt aus der Quelle der Natur. Aber zugleich fallen die Sterne in seine fröhliche Mahlzeit. Himmel und Erde, die Urzeiten der Sonnenländer, sie alle bieten dem kleinen Kind den Horizont, in dem es aufwachsen kann, berufen, das ewige Land der Sonne zu betreten.

Durch jedes Kind wird die Welt ein Stück heller und wärmer. Und wir spüren etwas vom ewigen Land, das durch das Kind in unser begrenztes Land hinein leuchtet. Das Kind erinnert uns an unsere innere Verbundenheit mit der Natur und zugleich an unsere Herkunft aus Gott. Himmel und Erde verbinden sich in dem Kind, damit auch wir diese Pole des Natürlichen und des Göttlichen in uns vereinen.

Das neue Jahr

Abermals ein neues Jahr!
Immer noch die alte Not!
O das Alte kommt von uns,
und das Neue kommt von Gott!
Gottes Güt ist immer neu,
Immer alt ist unsre Schuld
Neue Reu verleih uns, Herr,
Und beweis uns alte Huld!

Friedrich von Logau

Der schlesische Dichter Friedrich von Logau hat dieses Gedicht zu Beginn des Jahres 1650 geschrieben. Er hat darin wichtige Erfahrungen ausgedrückt, die wir alle mit einem Neuen Jahr machen. Das Jahr wird neu, aber die Not bleibt die alte. Die Probleme, mit denen wir uns in der Familie herumschlagen, bleiben die alten. Die Konflikte in der Gesellschaft gehen auch ins neue Jahr mit. Mit dem neuen Jahr wird nicht alles auf einmal anders. Die alten Fragen, die alte Not, die alten ungelösten Konflikte begleiten uns auch ins Neue Jahr. Doch Logau meint: Was alt ist, das kommt von uns. Doch das Neue Jahr verheißt uns, dass Gott etwas Neues in uns schafft. Gott kann unser altes und müde gewordenes Herz erneuern. Er schenkt uns seinen Geist, der alles neu macht. Er schenkt uns neue Möglichkeiten, aufeinander zuzugehen, miteinander auf neue Weise zu leben. Und seine Güte und Liebe, denen wir täglich begegnen, sind immer neu. Er trägt uns das Alte nicht nach. Er begegnet uns immer neu als der liebende und vergebende Gott. Alt ist unsere Schuld, die wir mitbringen in das Neue Jahr. Gott möge uns eine neue Reue schenken, damit wir umkehren von den alten Wegen, die in die Irre führen. Und er möge uns seine alte Huld beweisen. Hier werden alt und neu auf einmal umgedreht. Zu Beginn des Gedichtes kam das Alte von uns und das Neue von Gott. Doch wenn Gott uns neue Reue schenkt, dann ist das Neue bei uns. Und uns begegnet Gott mit seiner alten Huld, mit seiner Liebe, die zwar immer wieder neu ist, die aber doch aus der Treue kommt, die er uns seit alten Zeiten immer gewährt hat. Mitten im neuen Jahr dürfen wir vertrauen auf das, was uns seit alters her umgibt: Seine Liebe und Huld, die zugleich alt und neu sind, auf die wir uns verlassen dürfen und die das Alte in uns erneuern.

Neujahrslied

Mit der Freude zieht der Schmerz
Traulich durch die Zeiten,
Schwere Stürme, milde Weste,
Bange Sorgen, frohe Feste
Wandeln sich zur Seiten.

Und wo eine Thräne fällt,
Blüht auch eine Rose.
Schon gemischt, noch eh wirs bitten,
Ist für Thronen und für Hütten
Schmerz und Lust im Loose.

Wars nicht so im alten Jahr?
Wird's im neuen enden?
Sonnen wallen auf und nieder,
Wolken gehen und kommen wieder,
Und kein Wunsch wird's wenden.

Gebe denn, der über uns
Wägt mit rechter Wage,
Jedem Sinn für seine Freuden,
Jedem Muth für seine Leiden,
In die neuen Tage.

Jedem auf des Lebens Pfad
Einen Freund zur Seite,
Ein zufriedenes Gemüthe,
Und zu stiller Herzensgüte
Hoffnung ins Geleite.

Johann Peter Hebel

Der evangelische Pfarrer und Dichter Johann Peter Hebel beschreibt in seinem Neujahrsgedicht das Auf und Ab des Lebens. Auch das Neue Jahr wird dieses Auf und Ab mit sich bringen. Es wäre eine Illusion, zu meinen, im Neuen Jahr würde alles gut sein und unsere Wünsche würden alle erfüllt. Dennoch ist dies kein Grund zur Resignation. Hebels Wunsch ist: Gott möge uns den Sinn für die Freuden geben, die das Jahr mit sich bringen wird, aber auch den Mut für die Leiden, die uns treffen. Und er möge uns einen Freund schenken, innere Zufriedenheit, Herzensgüte und Hoffnung. Das sind realistische Wünsche für das Neue Jahr. Entscheidend ist die Hoffnung. Hoffnung ist etwas anderes als Erwartung. Ich hoffe immer für eine Person, für Dich und für mich. Ich hoffe, dass Gott in Dir und in mir das zur Entfaltung bringt, was er in uns angelegt hat. Und ich hoffe für die Menschen, mit denen ich lebe, dass ihr Leben – gemeinsam mit meinem eigenen – gesegnet ist und zum Segen wird.

Paradox

Die Verse lauten so:
Um zu erlangen, alles zu genießen,
suche in nichts Genuss.
Um zu erlangen, alles zu besitzen,
suche in nichts etwas zu besitzen.
Um zu erlangen, alles zu sein,
suche in nichts etwas zu sein.
Um zu erlangen, alles zu wissen,
suche in nichts etwas zu wissen.
Um zu erlangen, was du nicht verkostest,
geh dorthin, wo du nichts verkostest.
Um zu erlangen, was du nicht weißt,
geh dorthin, wo du nichts weißt.
Um zu erlangen, was du nicht besitzest,
geh dorthin, wo du nichts besitzest.
Um zu werden, was du nicht bist,
geh hin, wo du nichts bist.

Johannes vom Kreuz

Um die Fähigkeit zu erwerben, alles genießen zu können, muss man den Weg gehen, in nichts den Genuss zu suchen. Wer alles haben will, der hat nichts. Wer sich aller Dinge entledigt, der kann sie genießen. Denn sie kommen ihm als Geschenk entgegen. Wir lernen die Fähigkeit, das Leben zu genießen, gerade an dem Ort, an dem es nichts zu genießen gibt. Dort, wo uns alles aus der Hand genommen wird, wird uns auch alles geschenkt. Dort, wo wir haben wollen, verlieren wir. Dort, wo wir besitzen möchten, wird uns der Besitz entrissen. Doch dort, wo wir nichts besitzen wollen, wird uns alles zuteil. Verstehen kann man diese Verse des spanischen Mystikers letztlich nicht. Doch wenn wir sie auf uns wirken lassen, wenn wir sie ins Herz fallen lassen, dann bewirken sie etwas in uns. Dann stärken sie in uns die Ahnung vom Paradox unseres Lebens: dass wir dort, wo wir nichts wissen, wo wir nach außen hin weder mit Wissen, noch mit Besitz glänzen können, alles haben und alles wissen. Wir haben in das Geheimnis Gottes geschaut. Und das genügt uns. Das erfüllt unsere tiefste Sehnsucht nach Wissen, Genießen, Besitzen und Verkosten.

An sich

Sei dennoch unverzagt. Gib dennoch unverloren,
Weich keinem Glücke nicht. Steh höher als der Neid,
Vergnüge dich an dir und achte für kein Leid,
Hat sich gleich wider dich Glück, Ort und Zeit verschworen.

Was dich betrübt und labt, halt alles für erkoren,
nimm dein Verhängnis an. Lasst alles unbereut,
Tu, was getan muß sein, und eh man dirs gebeut.
Was du noch hoffen kannst, das wird noch stets geboren.

Was klagt, was lobt man doch? Sein Unglück und sein Glücke
Ist ihm ein jeder selbst. Schau alle Sachen an.
Dies alles ist in dir, lass deinen eiteln Wahn,

Und eh du förder gehst, so geh in dich zurücke.
Wer sein selbst Meister ist und sich beherrschen kann,
Dem ist die weite Welt und alles untertan.

Paul Fleming

Der schlesische Arzt und Dichter Paul Fleming, der 1640 nach einem bewegten Leben im Alter von knapp 31 Jahren gestorben ist, zeigt in seinem wohl bekanntesten Gedicht einen Weg zum wahren Glück. Einem beunruhigten, den Wirren des äußeren Lebens ausgesetzten Geist spricht ein einsichtiges Ich aus großer Gelassenheit und Klarheit zu. Auch wenn sich die Welt gegen mich verschworen hat, soll ich das nicht als Leid erachten. Bei allem Äußeren geht es darum, nach innen zu gehen. Wenn ich in mich zurückkehre und mir selbst Meister werde, dann ficht mich die Welt nicht mehr an. Dann bin nicht ich in der Hand der Welt, vielmehr ist die Welt mir untertan. Die Einsicht in die wahre Bedeutung von „allem" macht den Grund seiner Ruhe und Stärke aus, die alle Irritationen und Querelen des Lebens bändigt. Es sind Gedanken, wie sie die stoische Philosophie ähnlich zum Ausdruck bringen konnte. Und die Einsicht des Dichters entspricht christlicher Askese. Wir sollen über uns selbst herrschen, dann ist uns die Welt untertan. Erst Selbstbeherrschung macht uns wirklich frei. Wer jedoch von seinen Launen und Stimmungen bestimmt wird, der wird zum Sklaven der Welt. Alles, was wir außen finden, das ist auch in uns. So wird alles ein Gleichnis, um den Reichtum unserer eigenen Seele zu entdecken. In unserer Seele ist alles, was wir brauchen. Dort ist auch alles, was wir außen sehen. Auch wenn wir das Äußere nicht als Eigentum haben, so gehört es dennoch uns, wenn wir es betrachten und die Bilder in uns aufnehmen.

Antwort des Herzens

Man muss den Dingen
Die eigene, stille
Ungestörte Entwicklung lassen,
die tief von innen kommt
und durch nichts gedrängt
oder beschleunigt werden kann;
alles ist Austragen – und
dann Gebären ...

Reifen wie der Baum,
der seine Säfte nicht drängt
Und getrost in den Stürmen
Der Frühling steht,
ohne Angst,
dass dahinter kein Sommer
kommen könnte.
Er kommt doch!

Aber er kommt nur zu den
Geduldigen, die da sind,
als ob die Ewigkeit vor ihnen
läge, so sorglos still und weit ...

Man muss Geduld haben
Gegen das Ungelöste im Herzen
Und versuchen, die Fragen
selber lieb zu haben,
wie verschlossene Stuben
und wie Bücher, die in einer
sehr fremden Sprache
geschrieben sind.

Es handelt sich darum,
alles zu leben.
Wenn man die Fragen lebt,
lebt man vielleicht allmählich,
ohne es zu merken,
eines fremden Tages
in die Antwort hinein.

Rainer Maria Rilke

Es geht darum, die Dinge zu lassen. Sie nicht ständig verändern zu wollen, sie nicht zu beschleunigen, sondern ihnen Zeit zu lassen. Alles, was in uns brach liegt, kann unter der Schneedecke des Winters heranreifen, damit es zu seiner Zeit aufblüht. Frühling und Sommer kommen für den Geduldigen. Wir müssen Zeit haben, damit das, was in uns liegt, in einem ihm angemessenen Rhythmus zur Blüte kommt. Es braucht Geduld. Nicht nur für das Wachsen und Reifen, sondern auch für das Ungelöste im eigenen Herzen. Auf vieles haben wir keine Antwort. Wir finden sie auch durch noch so angestrengtes Nachdenken nicht. Die Antwort muss in uns reifen. Und sie reift, wenn wir behutsam mit den Fragen umgehen und sie erst einmal so stehen lassen, ohne gleich eine Lösung parat zu haben. Wir sollen die Fragen nicht nur lieb haben wie eine verschlossene Stube, die uns besonders neugierig macht. Wir sollen die Fragen selber leben. Das verlangt, die innere Spannung auszuhalten, noch ohne Antwort zu sein. Und es verlangt Geduld und Vertrauen, dass tief in unserer Seele sich eine Antwort formen wird für die Fragen, die wir leben.

Wunderliches Wort:
die Zeit vertreiben!

Wunderliches Wort: die Zeit vertreiben!
Sie zu halten, wäre das Problem.
Denn, wen ängstigts nicht: wo ist ein Bleiben,
wo ein endlich Sein in alledem? –

Sieh, der Tag verlangsamt sich, entgegen
jenem Raum, der ihn nach Abend nimmt:
Aufstehn wurde Stehn, und Stehn
wird Legen,
und das willig Liegende verschwimmt –

Berge ruhn, von Sternen überprächtigt; –
aber auch in ihnen flimmert Zeit.
Ach, in meinem wilden Herzen nächtigt
obdachlos die Unvergänglichkeit.

Rainer Maria Rilke

Wir sprechen von einem schönen Zeitvertreib, wenn wir in unserer freien Zeit eine nette Beschäftigung haben. In seinem Gedicht „Aus dem Nachlaß des Grafen C. W." sinnt Rilke nach über das Wort, das er von andern immer wieder hört, sie wollten sich die Zeit vertreiben. Doch für Rilke besteht das Problem darin, die Zeit zu halten. Er möchte, dass die Zeit bleibt. Und dann beschreibt er, dass in allem die Vergänglichkeit uns anblickt. Nichts ist fest. Jeder Tag vergeht. Aus dem Aufstehen wird ein Stehn während des Tages und dann ein Liegen in der Nacht. Nichts bleibt. Sogar die festen Berge, die so fest in sich zu ruhen scheinen, sind von der Vergänglichkeit durchdrungen. In ihnen flimmert die Zeit ohne klare Kontur. Bei all der Vergänglichkeit und Flüchtigkeit der Zeit, die Rilke in sich und um sich herum beobachtet, sehnt er sich nach der Unvergänglichkeit. Von ihr schreibt er, dass sie in seinem wilden Herzen obdachlos nächtigt. Er spürt sie in seinem Herzen. Aber sie hat in seinem Herzen keine Heimat. Die Unvergänglichkeit nächtigt in ihm, aber sie bleibt nicht bei ihm. Sie hat kein Hausrecht in seinem Herzen. Seine tiefste Sehnsucht zielt nach dieser Unvergänglichkeit. Er möchte, dass die Zeit bleibt, dass er selbst bleibt. Mitten in der Vergänglichkeit kommt die Sehnsucht zu Wort. Wir Menschen brauchen das Feste, Zuverlässige, Bleibende, Halt-Gebende der Unvergänglichkeit, der Ewigkeit, die einbricht in unsere Zeit und ihre Vergänglichkeit aufhebt.

Lasst sie triumphieren

Lasst, lasst sie triumphieren,
Wir treten neu hervor.
Was könnten wir verlieren?
Die Welt ist's, die verlor.

Uns ist die Kraft gegeben,
Die allem widersteht,
Die aufrecht durch das Leben
Auch unterm Leide geht.

In unsres Kummers Tagen
Wir haben's wohl vermerkt,
Je härter wir geschlagen,
Je mehr sind wir gestärkt.

Rudolf Alexander Schröder

Für mich ist dieses Gedicht des evangelischen Dichters Rudolf Alexander Schröder ein Ostergedicht. Es beschreibt das Geheimnis des Kreuzes und der Auferstehung. Auch wenn uns das Leben durchkreuzt und einen Strich durch die Rechnung macht, so gehen wir dabei nicht verloren. Die Welt und ihre Maßstäbe haben keine Gültigkeit mehr. Das Geheimnis der Auferstehung ist für mich: Durch jedes Scheitern und alle Brüche hindurchzugehen, als neue Menschen daraus hervorzugehen. Die Auferstehung Jesu zeigt uns: In uns ist eine Kraft, stärker als alles Leid, das uns von außen widerfährt. Das Leid kann uns vielleicht nach außen hin zerbrechen. Es mag uns schlagen und unsere Tage mit Kummer erfüllen. Aber wenn wir an die Auferstehung Jesu glauben, erkennen wir: In uns ist eine Kraft, die Kraft Jesu Christi, die stärker ist als der Tod. Sie lässt uns auch unter Leiden aufrecht gehen. Das ist das Geheimnis der Auferstehung: dass wir aufrecht durch das Leben gehen, auch dort, wo es uns zu erdrücken scheint. In uns ist etwas, das sich nicht beugen lässt: die unbeugsame Kraft der Auferstehung.

Abschied

O Täler weit, o Höhen,
O schöner, grüner Wald,
Du meiner Lust und Wehen
Andächt'ger Aufenthalt!
Da draußen, stets betrogen,
Saust die geschäft'ge Welt,
Schlag noch einmal die Bogen
Um mich, du grünes Zelt!

Wenn es beginnt zu tagen,
Die Erde dampft und blinkt
Die Vögel lustig schlagen,
Dass dir dein Herz erklingt:
Da mag vergehn, verwehen
Das trübe Erdenleid,
Da sollst du auferstehen
In junger Herrlichkeit!

Da steht im Wald geschrieben
Ein stilles, ernstes Wort
Von rechtem Tun und Lieben,
Und was des Menschen Hort.
Ich habe treu gelesen
Die Worte, schlicht und wahr,
Und durch mein ganzes Wesen
Ward's unaussprechlich klar.

Bald werd' ich dich verlassen,
Fremd in der Fremde gehen
Auf buntbewegten Gassen
Des Lebens Schauspiel sehn;
Und mitten in dem Leben
Wird deines Ernst's Gewalt
Mich Einsamen erheben,
So wird mein Herz nicht alt.

Joseph von Eichendorff

Der Romantiker von Eichendorff spürt in der Natur ein Bild für sein Leben. Er erfährt sie als Schutzraum gegenüber dem verlogenen Treiben der Welt. Hier erlebt er etwas, das größer ist als er. Das wird in der zweiten Strophe sichtbar, wo er an das Geheimnis der Auferstehung anknüpft. Solange er durch die Natur wandert, vergeht das Erdenleid und er erfährt Auferstehung „in junger Herrlichkeit". Und in der dritten Strophe spricht er von dem stillen ernsten Wort, das im Wald geschrieben ist. Im Wald erkennt er, wie er richtig leben soll, im Einklang mit der Schöpfung und im Einklang mit dem Schöpfer. Wir können nicht durch die Natur pilgern, ohne unser Leben zu ändern. Wir müssen unserem Wesen gemäß leben, unserem Schöpfer gemäß. Der Dichter spürt: Er wird aus der vertrauten Landschaft seiner Heimat auswandern und als Fremder das Schauspiel des Lebens sehen. Bei all dem, was er erlebt, wird er von „deines Ernst's Gewalt", letztlich von der numinosen Macht Gottes, erhoben. Sein Herz wird nicht alt, wenn er als Pilger in der Fremde seine Wege zieht. Er bleibt auf dem Weg, er bleibt lebendig.

Gebet

Herr! schicke, was du willt,
Ein Liebes oder Leides;
Ich bin vergnügt, daß beides
Aus deinen Händen quillt.
Wollest mit Freuden
Und wollest mit Leiden
Mich nicht überschütten!
Doch in der Mitten
Liegt holdes Bescheiden.

Eduard Mörike

Der evangelische Pfarrer und Dichter Eduard Mörike über-
lässt sich ganz und gar dem Willen Gottes. Das ist nicht
Gleichgültigkeit gegenüber dem, was ihm passiert, sondern
eine bewusste Annahme und eine bewusste Haltung: Gott
darf ihm schicken, was er möchte, ob es nun etwas Liebes ist
oder ein Leid. Mörike spricht aus eigener Erfahrung. Seine
Beziehungen waren nicht immer einfach. Krankheitsbedingt
musste er sein Pfarramt aufgeben. Er hat am eigenen Leib
erlebt, was Krankheit, was Leid bedeutet. Er ist bereit, dazu
ja zu sagen, was Gott ihm auferlegt. Ja, er sagt sogar, dass er
vergnügt ist, weil beides – das Glück und das Leid, das Liebe-
volle und das Leidvolle – aus den Händen Gottes kommt.
Doch eines erbittet Mörike von Gott: Er möge ihn weder mit
Freuden noch mit Leiden überschütten. Alles Übermaß wür-
de er nicht ertragen. In der Mitte liegt holdes Bescheiden.
Gott möge sowohl an Freuden wie an Leiden maßvoll an ihm
handeln. Das rechte Maß vermag der Mensch zu tragen. Der
heilige Benedikt hat den Abt des Klosters dazu ermahnt, Maß
zu halten in der Führung seiner Mönche. Hier bittet der
Dichter, dass Gott selber Maß halten möge. Der Dichter ist
bereit, beides anzunehmen: Freude und Leid. Da stellt er sich,
auch indem er Negatives und Positives mit aufnimmt, das im
Leben widerfährt, einfach unter Gottes Willen. Doch das ist
keine Passivität und nicht nur die Wiedergabe seiner Lebens-
erfahrung: In der Bitte um das rechte Maß wird Mörike sel-
ber aktiv. Das möge ihm Gott doch gnädig gewähren. In sei-
nem Gedicht kommt ja beides zum Ausdruck: Bitte und
Vertrauen. Der an seiner Krankheit leidende Dichter weiß,
dass seine Kräfte nur begrenzt sind. Doch zugleich ist sein
Gebet voller Vertrauen: Gott wird seine Bitte erhören.

Lob des Zweifels

Gelobt sei der Zweifel! Ich rate euch, begrüßt mir
Heiter und mit Achtung den,
Der euer Wort wie einen schlechten Pfennig prüft!
Ich wollte, ihr wäret weise und gäbt
Euer Wort nicht allzu zuversichtlich.

Lest die Geschichte und seht
In wilder Flucht die unbesieglichen Heere.
Allenthalben
Stürzen unzerstörbare Festungen ein, und
Wenn die auslaufende Armada unzählbar war,
Die zurückkehrenden Schiffe
Waren zählbar.

So stand eines Tages ein Mann auf dem
unbesteigbaren Berg
Und ein Schiff erreichte das Ende des
Unendlichen Meeres.

Oh schönes Kopfschütteln
Über der unbestreitbaren Wahrheit!
Oh tapfere Kur des Arztes
An dem rettungslos verlorenen Kranken!

Schönster aller Zweifel aber
Wenn die verzagten Geschwächten den
Kopf heben und
An die Stärke ihrer Unterdrücker
Nicht mehr glauben!

Bertolt Brecht

Bert Brecht lobt in diesem Gedicht den Zweifel. Alle, die heute so selbstsicher daher reden, werden Enttäuschung erleben. Daher ist es besser, von vorneherein an allen als absolut hochgehaltenen Wahrheiten zu zweifeln. Die Realität hat schon viele große Worte als Täuschung entlarvt. Was unzerstörbar galt, ist eingestürzt, und große Heere kamen dezimiert zurück. Brecht rät: Wir sollten uns bescheiden in unserer Sprache. Denn wir können weder für uns noch für unser Leben garantieren. Es ist gut, wenn wir den, der unsere Worte prüft, heiter begrüßen, denn er erweist uns einen guten Dienst. Was früher einmal als unbestreitbare Wahrheit galt, über das schüttelt man heute den Kopf. Zweifel ist angebracht. Der Zweifel macht uns demütig. In der letzten Strophe preist Brecht den schönen Zweifel: wenn die verzagten Geschwächten den Kopf heben und an die Stärke ihrer Unterdrücker nicht mehr glauben. Wir sollten allen Mächtigen gegenüber Zweifel hegen. Ihre Macht ist nicht so stark, wie sie tun. Der Zweifel entmachtet sie. Und er gibt uns Selbstvertrauen, dass wir nicht jedem selbstsicheren Wort trauen und uns nicht jeder unterdrückenden Macht unterwerfen. Der Zweifel richtet uns auf. Er ist unsere Macht, die die Macht der allzu Mächtigen entmachtet. Brecht möchte uns einladen, unsere Zweifel positiv zu sehen. Sie haben immer etwas Gutes. Sie machen uns bescheiden und demütig, sie führen zur Achtsamkeit in unserem Sprechen und sie befreien uns von dem Anspruch, mit dem die Mächtigen oft antreten.

Zauberwort

Schläft ein Lied in allen Dingen,
die da träumen fort und fort,
und die Welt hebt an zu singen,
triffst du nur das Zauberwort.

Joseph von Eichendorff

In allen Dingen dieser Welt schläft ein Lied. Gott selbst hat es in die Dinge gelegt. Und wir Menschen können es wecken und zum Klingen bringen: In seinen wunderbaren Versen greift Joseph von Eichendorff bildhaft das Wort aus dem Johannesprolog auf: „Im Anfang war das Wort, und das Wort war bei Gott … Alles ist durch das Wort geworden." (Joh 1,1.3) Alle Dinge sind letztlich ein Wort Gottes. In ihnen drückt sich sein Wort aus. Doch der Dichter der Romantik deutet dieses Wort als Lied, das in alle Dinge hineingelegt ist. Normalerweise träumen wir Menschen. Doch der Dichter spricht von den Träumen, die die Dinge träumen. Gott selbst hat die Dinge geträumt und durch sein Wort geschaffen. Nun träumen die Dinge von dem Lied, das Gott in sie hinein gelegt hat.

Wenn nun ein Dichter oder ein Prediger oder irgendein Mensch das richtige Wort ausspricht, das Zauberwort, das dem Traum Gottes in den Dingen entspricht, dann hebt die ganze Welt an zu singen, dann wird alles zu einem Lied. Eichendorff spricht hier vom unschätzbaren Wert der Worte. Unsere Worte sind kostbar. Aber wir sollen auch achtsam mit ihnen umgehen. Wir sollen in unseren Worten das Zauberwort treffen, das die Welt zum Singen bewegt. Unser Wort soll dem Wort entsprechen, das Gott in die Dinge hinein gelegt hat. Dann fangen die Dinge an zu singen. Worte bringen die Dinge zum Blühen. Ein Gedicht, das einen Baum beschreibt, gibt diesem Baum Gestalt und Form. Es singt das Lied, das im Baum schlummert. Und indem wir das Gedicht lesen, hören wir das Lied, das der Baum selbst uns singt.

Geist der Freuden

Du bist ein Geist der Freuden,
Vom Trauern hältst du nichts.
Erleuchtest uns im Leiden
Mit deines Trostes Licht.
Ach ja, wie manches Mal
Hast du mit süßen Worten
Mir aufgetan die Pforten
Zum güldnen Freudensaal.

Du bist ein Geist der Liebe,
Ein Freund der Freundlichkeit,
Willst nicht, dass uns betrübe
Zorn, Zank, Hass, Neid und Streit.
Der Feindschaft bist du feind,
Willst, dass durch Liebensflammen
Sich wieder tun zusammen,
Die voller Zwietracht sind.

Paul Gerhardt

Von Paul Gerhardts Liedern meint Gerhard Ebeling, man könne ihnen nicht begegnen, „ohne dass Erfahrungen angesprochen, geweckt und neu geschenkt werden: Geborgenheit im Dunkel der Nacht, Getrostheit in Ausweglosigkeit, Mut inmitten der Angst, Dankbarkeit im Wohlbefinden, Hoffnung angesichts des Todes." Auch über 400 Jahre nach seinem Tod sprechen uns seine Verse an. Gerhardt spricht in diesem Lied den Heiligen Geist an als einen Geist der Freude und der Liebe. Sein Wirken ist beschrieben als Licht, das uns im Leiden erleuchtet und Trost spendet, und als süße Worte, die uns die Tür zum Freudensaal aufschließen. Der Heilige Geist wirkt also durch Worte, die unser Herz berühren und mitten in der Trübsal in uns die Tür zur Freude aufsperren, die auf dem Grund unserer Seele bereitliegt, von der wir aber oft genug abgeschnitten sind. Es können Worte eines Freundes sein oder Worte, die wir lesen. Der Heilige Geist kann sie benutzen, um uns zu öffnen für das Geheimnis der Freude und der Liebe.

Als Geist der Liebe möchte er uns bewahren vor den negativen Gefühlen wie Zorn, Hass, Neid und Streit. Und er möchte, dass wir uns wieder zusammenfinden. Hier wirkt der Heilige Geist nicht so sehr durch Worte. Dort, wo wir mit der Glut unseres Herzens in Berührung kommen, wird die Liebe in uns wirksam und aller Hass weicht von uns. Mögen die Worte von Paul Gerhardt das in uns wirken, was sie besagen.

Mailied

Wie herrlich leuchtet
Mir die Natur!
Wie glänzt die Sonne!
Wie lacht die Flur!

Es dringen Blüten
Aus jedem Zweig
Und tausend Stimmen
Aus dem Gesträuch.

Und Freud und Wonne
Aus jeder Brust.
O Erd, o Sonne!
O Glück, o Lust!

O Lieb, o Liebe!
So golden schön,
Wie Morgenwolken
Auf jenen Höhn!

Du segnest herrlich
Das frische Feld,
Im Blütendampfe
Die volle Welt.

O Mädchen, Mädchen,
Wie lieb ich dich!
Wie blickt dein Auge!
Wie liebst du mich!

So liebt die Lerche
Gesang und Luft,
Und Morgenblumen
Den Himmelsduft,

Wie ich dich liebe
Mit warmem Blut,
Die du mir Jugend
Und Freud und Mut

Zu neuen Liedern
Und Tänzen gibst.
Sei ewig glücklich,
Wie du mich liebst!

*Johann Wolfgang
von Goethe*

In diesem Gedicht verbindet Goethe die Freude über die herrliche und leuchtende Natur im Mai mit der Liebe. Beides gehört für uns seit langem zusammen. Der „Wonnemonat" Mai ist der Monat der Freude und der Liebe. Aus der Natur, aus jedem Zweig und aus jedem Gesträuch strömt es uns entgegen. Wer ein Gespür dafür hat, erfährt, dass die ganze Schöpfung von der Liebe Gottes erfüllt ist. Auch in den Augen des geliebten Menschen spüren wir die Liebe.

Beides, die Natur und der geliebte Mensch, schenken uns nicht nur Freude und Mut, sondern auch die Frische der Jugend. Sie erneuern uns und machen uns glücklich.

So lädt uns das Gedicht ein, die Natur mit andern Augen anzuschauen und der Liebe zu trauen, die in uns ist und die uns, wie in dem Gedicht Goethes, auch aus den Augen eines Mädchens entgegen blickt.

In tausend Bildern

Ich sehe dich in tausend Bildern,
Maria, lieblich ausgedrückt,
Doch keins von allen kann dich schildern,
Wie meine Seele dich erblickt.

Ich weiß nur, dass der Welt Getümmel
Seitdem mir wie ein Traum verweht,
Und ein unnennbar süßer Himmel
Mir ewig im Gemüte steht.

Novalis

Der romantische Dichter Novalis war von einer großen Sehnsucht nach Liebe erfüllt, die er durch den frühen Tod seiner Verlobten auf Gott und auf das Paradies richtete. Für ihn ist die Dichtung der Schlüssel zu allen Welträtseln, die Kunst, in den Bildern der Natur das innere Paradies der Seele zu entdecken. In den kurzen Versen über Maria wird das deutlich. In Maria sieht Novalis etwas, was er letztlich nicht schildern kann. Er sieht sich selbst in ihr. Er sieht sich in seiner inneren Klarheit und Reinheit, in einer Liebe, die man nicht mehr auszudrücken vermag. Maria erinnert ihn an das, was Gott ihm geschenkt hat: an den süßen Himmel, der in ihm selber ist. In der Schönheit Marias sieht er die Schönheit seiner liebenden Seele. Aber er sieht in ihr wie in einem Spiegel auch die Welt um sich herum in einem anderen Licht. Die Welt ist ihm nicht mehr ein Getümmel. Sie ist nicht mehr bedrohlich für ihn. Vielmehr erkennt er das Liebliche, das er in Maria erblickt, nun auch in der Natur. Er vermag der Welt und ihren Herausforderungen anders zu begegnen.

Die Dichtung des romantischen Dichters klingt oft wie eine Weltflucht. Doch Novalis war durchaus ein angesehener Fachmann für den Bergbau. Er stand mitten im Leben. Der Lärm der Welt tritt für ihn zurück, wenn er auf Maria schaut. Da spürt er mitten im Getümmel der Welt in sich einen Raum der Stille, der Zartheit und der Süßigkeit. Im Bild Marias, die die Kunst als die schöne Frau, die Madonna, als die Königin, als die Mutter und als die Trösterin dargestellt hat, sieht er sich selbst wie in einem Spiegel. Das Schauen Marias wird zu einem mystischen Schauen, das ihn beglückt und das ihn mit dem Paradies in seiner eigenen Seele in Berührung bringt. Von dort her kann er in die Welt hinausgehen und sie gestalten, ohne von ihr bestimmt zu werden.

Der Mai

Dieser Monat ist ein Kuss,
den der Himmel gibt der Erde,
Dass sie jetztund seine Braut,
künftig eine Mutter werde.

Friedrich von Logau

Es ist ein kurzes Sinngedicht, das der schlesische Dichter Friedrich von Logau über den schönsten Monat des Jahres geschrieben hat. Er gebraucht Bilder in diesem Gedicht, die anzuschauen sich lohnt: Der Mai ist ein Kuss, den der Himmel der Erde gibt. Im Mai berührt der Himmel liebevoll die Erde. Da wird der Himmel auf Erden im Aufblühen der Natur sichtbar und erfahrbar. Das Ziel des Kusses ist, dass die Erde die Braut des Himmels werde, dass Himmel und Erde eins werden miteinander. Der Himmel ist der Bräutigam, die Erde die Braut. Sie schmückt sich für den Bräutigam. Die Erde ist im Mai so schön, um dem Himmel zu gefallen.

Doch der Kuss des Himmels hat noch ein anderes Ziel. Die Erde ist nicht nur Braut. Sie soll Mutter werden. Wir sprechen von der Mutter Erde. Die Erde bringt wie eine Mutter neues Leben hervor. Der Dichter greift hier alte Weltentstehungsmythen auf, die den Anfang der Welt als Zeugungsakt verstehen, bei dem die Erde vom Himmel befruchtet wird. Die Erde ist der Schoß, aus dem alles Leben hervorgeht.

Doch die Erde als Mutter hat noch eine andere Bedeutung: Die Mutter bewertet nicht. Wenn wir in der Natur sind, erfahren wir, dass wir dazu gehören, dass wir sein dürfen, wie wir sind, ohne bewertet zu werden. Das tut uns gut. So kann die intensive Erfahrung der Natur im Monat Mai uns diese mütterliche Qualität vermitteln: Wir sind angenommen – so, wie wir sind. Wir sind geliebt. Wir sind vom Himmel geküsst.

Sag mir, wer einst die Uhren erfund

Sag mir, wer einst die Uhren erfund,
die Zeiteinteilung, Minuten und Stund?
Das war ein frierend trauriger Mann.
Er saß in der Winternacht und sann,
Und zählte der Mäuschen heimliches Quicken
Und des Holzwurms ebenmäßiges Picken.

Sag mir, wer einst das Küssen erfund?
Das war ein glühend glücklicher Mund;
Er küsste und dachte nichts dabei.
Es war im schönen Monat Mai,
Die Blumen sind aus der Erde gesprungen,
Die Sonne lachte, die Vögel sungen.

Heinrich Heine

Die Erfindung der Uhren passt für Heinrich Heine in eine kalte Winternacht. Die Erfindung der Uhren steht für die Zeit, die den Menschen auffrisst. Die Griechen nennen diese Zeit „chronos". Chronos war der Urgott, der seine Kinder auffraß. Wir kennen den Chronometer, der unser Leben diktiert und uns oft am wirklichen Leben hindert. Dagegen setzt Jesus einen anderen Zeitbegriff: „kairos", die angenehme Zeit, die Zeit des Augenblicks. Die Zeit, die vom Zeittakt der Uhren bestimmt wird, ist eine unangenehme Zeit. Heine schiebt die Erfindung dieser unangenehmen Zeit einem traurigen Mann zu, der in einer Winternacht friert und nichts zu tun hat. Er wartet, bis die Zeit vorüber ist. Er teilt die unangenehme Zeit in Minuten und Stunden ein, genauso wie er vor Langeweile das heimlichen Quicken der Mäuse und das Picken des Holzwurms zählt. Es ist eine leere Zeit, in der nichts geschieht, was den Menschen berührt. Die Zeit ist langweilig, traurig, kalt.

Der Mund, der küsst, denkt nicht an die Zeit. Für ihn ist jetzt Fülle der Zeit. Für ihn ist es eine angenehme Zeit. Es liegt an uns, ob wir uns dem traurigen und frierenden Mann anschließen, der die Uhren erfand, oder dem glücklichen Mund, der das Küssen erfunden hat. Indem wir uns auf diesen Augenblick ganz einlassen, ohne alles zu zählen, was gerade um uns geschieht, sondern uns einfach im Küssen vergessen, entsteht für uns eine angenehme Zeit, eine erfüllte Zeit, eine blühende Zeit, eine Zeit der Liebe. Denn sich an den Augenblick hinzugeben, ist immer Ausdruck von Liebe. Und wenn ich mich liebend diesem Augenblick hingebe, mich auf ihn einlasse, mich darin vergesse, ist es eine Zeit der Liebe, ist es für mich der schöne Mai, der meine Stimmung verklärt und erhellt.

Wie wenig nütze ich bin

Wie wenig nütze ich bin,
ich hebe den Finger und hinterlasse
nicht den kleinsten Strich
in der Luft.

Die Zeit verwischt mein Gesicht,
sie hat schon begonnen.
Hinter meinen Schritten im Staub
Wäscht Regen die Straße blank
Wie eine Hausfrau.

Ich war hier.
Ich gehe vorüber
Ohne Spur.
Die Ulmen am Weg
Winken mir zu wie ich komme,
grün blau goldener Gruß,
und vergessen mich,
eh ich vorbei bin.

Ich gehe vorüber –
Aber ich lasse vielleicht
Den kleinen Ton meiner Stimme,
mein Lachen und meine Tränen
und auch den Gruß der Bäume im Abend
auf einem Stückchen Papier.

Und im Vorbeigehn,
ganz absichtslos,
zünde ich die ein oder andere
Laterne an
In den Herzen am Wegrand.

Hilde Domin

Hilde Domin greift in diesem Gedicht das Gefühl vieler Menschen auf, dass ihr Leben bedeutungslos ist. Manche fragen sich: Was wäre denn, wenn ich nicht wäre? Würde das überhaupt jemand bemerken? Welche Spur hinterlasse ich in dieser Welt? Wäre die Welt anders, wenn ich nicht leben würde? Diese Erfahrung beschreibt die Dichterin in den ersten drei Strophen: Mein Finger hinterlässt keine Spur in der Luft. Die Zeit verwischt mein Gesicht. Mein Gesicht wird vergessen, es macht keinen bleibenden Eindruck. Die Bäume nehmen mich zwar wahr, aber auch sie vergessen mich wieder. Alles ist flüchtig und nichtig, wie es auch ein altes Kirchenlied ausdrückt. Doch dann zeigen die letzten beiden Strophen auch etwas anderes. Meine Stimme hinterlässt Spuren in denen, die sie hören. Sie hören in meiner Stimme meine Person heraus, entdecken meine Einmaligkeit. Mein Lachen und meine Tränen berühren auch andere. Mein Lachen steckt sie an, meine Tränen bewegen sie und hinterlassen Spuren in ihrem Herzen. Und wenn ich am Abend den Gruß der Bäume beschreibe, so bleibt er auch für immer aufbewahrt. Wer schreibt, drückt seine Beziehung zur Schöpfung aus und drückt so seinen persönlichen Stempel in diese Welt ein. Das ist die Hoffnung der Dichterin: Ich zünde doch im Vorbeigehen die eine oder andere Laterne an in den Herzen am Wegrand. Der eine oder andere Mensch wurde von mir in seinem Herzen berührt. Und vielleicht durfte ich etwas Licht in sein Herz bringen durch die Wärme meiner Worte, durch die Freundlichkeit meiner Augen, durch das Mitfühlen mit seinem Leid.

Die Lieb ist unser Gott

Mensch, was du liebst,
in das wirst du verwandelt werden,
Gott wirst du, liebst du Gott,
und Erde, liebst du Erden.

Die Liebe, wenn sie neu,
braust wie ein junger Wein;
Je mehr sie alt und klar,
je stiller wird sie sein.

Die Lieb ist unser Gott,
es lebet all's durch Liebe;
Wie selig wär ein Mensch,
der stets in ihr verbliebe.

Angelus Silesius

Vier Jahre nach seiner Konversion zum katholischen Glauben veröffentlicht der Arzt Johannes Scheffler, der sich den schlesischen Engel (Angelus Silesius) nennt, „geistreiche Sinn- und Schlussreime". In ihnen drückt er aus, was er in der Begegnung mit den Mystikern erfahren hat.

In den drei ausgewählten Versen werden wichtige Aussagen über die Liebe gemacht: Die Liebe verwandelt uns in das, was wir lieben. Daher sollen wir in erster Linie Gott lieben. Dann werden wir in Gott hinein verwandelt. Das heißt aber nicht, dass wir keinen Menschen lieben dürfen. Es meint vielmehr, dass wir auch in der Liebe zu einem Menschen ein Gespür für seine göttliche Würde haben und für die göttliche Dimension der Liebe. Diese göttliche Dimension der Liebe kommt im dritten Vers zum Ausdruck. Mit diesem Vers interpretiert Angelus Silesius das Wort aus dem 1. Johannesbrief: „Gott ist Liebe. Und wer in der Liebe bleibt, bleibt in Gott, und Gott bleibt in ihm." (1 Joh 4,16) Durch die Liebe lebt alles: die Natur, der Mensch, die Gemeinschaft. Wenn wir in der Liebe bleiben, bleiben wir in Gott und wir sind voller Leben. Der zweite Vers zielt auf die Verwandlung der Liebe selbst. Die Liebe wandelt sich vom brausenden Wein, der uns verzaubert, hin zu einer stillen und klaren Liebe. Diese klare Liebe liebt nicht mehr ein Bild vom andern, sondern ihn so, wie er ist. Die klare Liebe ist frei von den Trübungen durch Zweifel, Eifersucht und Neid. Und es ist eine stille Liebe, aber gerade in der Stille auch eine beständige Liebe, eine Liebe, die immer in uns ist und die uns in der Stille miteinander eins werden lässt, eins miteinander und eins mit Gott. Der dritte Vers erklärt, dass die Liebe der Grund allen Lebens ist. Aus ihr lebt alles, aus ihr blüht alles auf. Daher ist es Glück für den Menschen, in der Liebe zu bleiben und aus ihr heraus zu leben.

Lebenslauf

Größeres wolltest auch du,
aber die Liebe zwingt
All uns nieder, das Leid beugt gewaltiger,
Doch es kehret umsonst nicht
Unser Bogen, woher er kommt.
Aufwärts oder hinab! herrschet
in heiliger Nacht,
Wo die stumme Natur werdende Tage sinnt,
Herrscht im schiefesten Orkus
Nicht ein Grades, ein Recht noch auch?
Dies erfuhr ich. Denn nie,
sterblichen Meistern gleich,
Habt ihr Himmlischen, ihr Alleserhaltenden,
Daß ich wüßte, mit Vorsicht
Mich des ebenen Pfads geführt.
Alles prüfe der Mensch, sagen die Himmlischen,
Daß er, kräftig genährt, danken für Alles lern,
Und verstehe die Freiheit,
Aufzubrechen, wohin er will.

Friedrich Hölderlin

Friedrich Hölderlin, dessen Poesie nach Ansicht vieler den Höhepunkt deutscher Sprachkultur darstellt, hat in seinem Gedicht über den Lebenslauf das Geheimnis unseres Lebens beschrieben. Wir alle haben große Pläne, wir wollen hoch hinaus. Doch das Leben verläuft oft anders. Hölderlin spricht von der Liebe, die uns nieder zwingt. Das ist sonderbar. Wir denken, die Liebe würde uns erheben, sie würde uns über die Klippen des Lebens empor tragen. Doch die Liebe zwingt uns nieder, genauso wie das Leid. Denn es gibt keine Liebe ohne Leid. Die Liebe bringt uns in Berührung mit der eigenen Tiefe, mit den Abgründen unserer Seele. Doch auch das Niedergebeugtwerden hat einen Sinn. Es ist wie der Bogen, der gespannt wird, damit er den Pfeil umso weiter schießen kann. Unser Lebenslauf ist von Auf und Ab geprägt. Der Dichter fragt, ob nicht im tiefsten Abgrund doch auch etwas Gerades und Rechtes herrsche. Er bejaht es. Aber trotzdem hat er die Erfahrung gemacht, dass die Himmlischen ihn nicht mit Vorsicht den ebenen Pfad führen. Sie lassen ihn durch Berge und Täler wandern, damit er selber alles prüfe und so kräftig genährt für alles danke, was er erlebt. Das Ziel unseres Lebenslaufes ist Dankbarkeit für all die Erfahrungen, die wir machen, und letztlich für die Freiheit, durch die wir unserem Leben eine bestimmte Richtung geben, zu der wir berufen sind, die uns aber gleichzeitig geschenkt ist. Wir sind dankbar, wenn wir die Freiheit verstehen, zu der Gott uns berufen hat. Es ist die Freiheit, aufzubrechen, wohin wir wollen. Aber Aufbrechen ist kein bequemes Tun, es meint immer den Aufbruch zu Abenteuern, zu einem Weg, der uns über das Auf und Ab führt, bis wir mehr und mehr das ganze Geheimnis unseres Lebens verstehen.

Sommergesang

Geh aus, mein Herz, und suche Freud
In dieser lieben Sommerzeit
An deines Gottes Gaben:
Schau an der schönen Gärten Zier
Und siehe, wie sie mir und dir
Sich ausgeschmücket haben.

Die Bäume stehen voller Laub,
Das Erdreich decket seinen Staub
Mit einem grünen Kleide.
Narzissus und die Tulipan,
Die ziehen sich viel schöner an
Als Salomonis Seide.

Die Lerche schwingt sich in die Luft,
Das Täublein fleucht aus seiner Kluft
Und macht sich in die Wälder;
Die hochbegabte Nachtigall
Ergötzt und füllt mit ihrem Schall
Berg, Hügel, Tal und Felder.

Ich selbsten kann und mag nicht ruhn;
Des großen Gottes großes Tun
Erweckt mir alle Sinnen:
Ich singe mit, wenn alles singt,
Und lasse, was dem Höchsten klingt,
Aus meinem Herzen rinnen.

Paul Gerhardt

Diese Verse aus dem viel längeren Lied erwecken auch in uns die Freude am Sommer. Für Gerhardt ist es ein Loblied Gottes. In der evangelischen Kirche wird es daher im Gottesdienst gesungen. Und doch beschreiben die meisten Strophen einfach nur die Natur. Die freilich ist für Paul Gerhardt Schöpfung Gottes: Er schenkt uns die Schönheit des Sommers. Indem der Dichter uns die Blumen, Felder und Bäume vor Augen führt und unsere Ohren für den Gesang der Nachtigall öffnet, will er unser Herz zur Dankbarkeit führen. Gottes Tun weckt im Dichter alle Sinne. Und es sollte auch unsere Sinne öffnen, damit wir die Schönheit des Schöpfers schauen, hören, schmecken, riechen, betasten. Die Schöpfung selbst singt Gott ihr Loblied. Wenn der Mensch singt, singt er nicht allein, sondern mit allen Kreaturen. Gottes Schönheit zeigt sich in der Natur. Alles, was wir sehen, hat Gott uns geschenkt, um uns mit Freude zu erfüllen. So viele Menschen gehen durch die Natur und hängen ihren Sorgen nach. Wer sich einladen lässt, mitzusingen, wenn die ganze Schöpfung singt, dessen Herz wird weit und voller Freude.

Geschenk des Lächelns

Es kostet nichts und bewirkt so viel.
Es bereichert den, der es erhält,
ohne den arm zu machen, der es gibt.
Es dauert nur einen Augenblick,
aber die Erinnerung daran ist manchmal unauslöschbar.

Ein Lächeln bedeutet
Ruhe für ein erschöpftes Wesen,
Ermutigung für eine niedergeschlagene Seele,
Trost für ein trauerndes Herz.

Und wenn man dir das Lächeln,
das du verdienst, verweigert,
dann sei großzügig,
schenke das deine.
In der Tat hat niemand
Ein Lächeln so nötig wie der,
der selbst keines zu geben vermag.

Je lauter
Unsere heutige Welt wird,
je tiefer scheint Gott zu schweigen.
Schweigen ist die Sprache der Ewigkeit;
Lärm geht vorüber.

Gertrud von Le Fort

Freude kann man nicht befehlen, auch Lächeln nicht. Gertrud von Le Fort beschreibt das Geschenk des Lächelns. Sie lädt uns damit ein, Menschen mit unserem Lächeln zu beschenken. Gemeint ist nicht ein permanentes „keep smiling". Die Menschen spüren, ob unser Lächeln sie persönlich meint oder ob es nur Maske ist. Lächeln schafft dem, der vor lauter Erschöpfung müde geworden ist, eine Ruhepause. Lächeln heilt die Wunden der Traurigkeit. Lächeln kostet nicht viel. Es schafft Beziehung. Ich nehme den anderen wahr und gebe ihm zu verstehen: Es ist gut, dass du da bist. Ich freue mich über dich. Lächeln ist eine Bestätigung des anderen. Es will ihm sagen: Nimm alles nicht so ernst. Du kannst es auch leichter nehmen. Ich nehme dich wahr, wie du bist. Du musst vor mir nichts leisten. Es genügt, dass du einfach da bist, auch mit deinem Ungeschick, das mich zum Lächeln drängt, aber auch mit deinem Geschick, das ich mit meinem Lächeln bestätige. Ich wünsche dir mit meinem Lächeln, dass du einverstanden bist mit deinem Leben. Ich bin einverstanden mit dir. Ich fühle mit dir. Ich sehe dich und ich mag dich.

Geschmack von Wolken

Wer Schmetterlinge lachen hört,
der weiß, wie Wolken schmecken,
der wird im Mondschein,
ungestört von Furcht,
die Nacht entdecken.

Der wird zur Pflanze,
wenn er will,
zum Tier, zum Narr,
zum Weisen,
und kann in einer Stunde
durchs ganze Weltall reisen.

Er weiß, dass er nichts weiß,
wie alle andern auch nichts wissen,
nur weiß er was die anderen
und er noch lernen müssen.

Wer in sich fremde Ufer spürt,
und Mut hat sich zu recken,
der wird allmählich ungestört,
von Furcht sich selbst
entdecken.

Abwärts zu den Gipfeln
seiner selbst blickt er hinauf,
den Kampf mit seiner Unterwelt,
nimmt er gelassen auf.

Wer Schmetterlinge lachen hört,
der weiß wie Wolken schmecken,
der wird im Mondschein,
ungestört von Furcht,
die Nacht entdecken.

Der mit sich selbst in Frieden lebt,
der wird genauso sterben,
und ist selbst dann lebendiger,
als alle seine Erben.

Novalis (Rockband)

Eine deutsche Musikgruppe, die in den 70er Jahren entstand, brachte das Lebensgefühl vieler junger Menschen in Rockrhythmen und poetischen Texten zum Ausdruck. Sie berief sich dabei auf die romantische Weltsicht, indem sie sich den Namen Novalis zulegte. Das war selber ein Pseudonym für den frühromantischen Philosophen, Dichter und Naturmystiker Friedrich von Hardenberg. Diese Poesie führt uns eine Welt vor Augen, in der Traum und Wirklichkeit sich miteinander verbinden. Der Traum richtet sich nicht nach den Naturgesetzen. Aber gerade so führt er uns ein in den Reichtum der Seele und in die Tiefendimension der Welt. Wer nicht nur seinem Verstand traut, sondern sich tief in das Geheimnis der Schöpfung hineinfühlt, der erlebt auch sich selbst auf neue Weise. Er erlebt die Weite des Kosmos in sich selbst. Er kann im Blick auf die Natur und auf sein eigenes Inneres eine Reise machen in unendliche Weiten. Und er wird ohne Angst sein. Alles findet er in sich. Ohne Furcht wird er die Geheimnisse seiner Seele entdecken. Auch die Dunkelheit des eigenen Herzens kann ihn nicht mehr erschüttern. Wer so im Einklang lebt mit der Schöpfung und mit sich selbst, der wird zwar genauso sterben wie die übrigen Menschen, aber er wird selbst nach seinem Tod lebendiger sein als viele von denen, die meinen, sie würden vernünftig leben. Er hat teil an der Demut der Schöpfung und zugleich an ihrer Größe. Er sieht sich als Mensch, der nichts weiß, und zugleich als jemand, dem Gott die Fülle seines Lebens zuteil werden lässt.

Sommerfrische

Zupf dir ein Wölkchen aus dem Wolkenweiß,
das durch den sonnigen Himmel schreitet.
Und schmücke den Hut, der dich begleitet,
mit einem grünen Reis.

Versteck dich faul in die Fülle der Gräser.
Weil's wohltut, weil's frommt.
Und bist du ein Mundharmonikabläser
Und hast eine bei dir, dann spiel, was dir kommt.

Und lass deine Melodien lenken
Von dem freigegebenen Wolkengezupf.
Vergiss dich. Es soll dein Denken
Nicht weiter reichen als ein Grashüpferhupf.

Joachim Ringelnatz

Die meisten kennen Joachim Ringelnatz von seinen satirischen Versen. Doch hinter der Lust an kritischer Überzeichnung steckt bei ihm offensichtlich noch mehr und anderes: eine Lust, die üblichen Vorstellungen der Menschen in Frage zu stellen und auf neue Wege zu weisen. Dass seine Satire nicht aus Verzweiflung oder aus kritischer Absicht kommt, wie es häufig der Fall ist, sondern aus einer positiven Quelle, aus der Lust am Leben, aus der Sehnsucht, das Leben einfach nur zu genießen, anstatt sich über die Pflichten den Kopf zu zerbrechen und über die Erwartungen der Menschen nachzudenken, inwieweit wir sie erfüllen müssen oder sollten oder könnten, zeigt sich in diesem fröhlichen Gedicht: ein fantastisches Spiel mit Bildern und Worten, das den Ernst des Lebens für einen Augenblick vergessen lässt, das eine kosmische Melodie der Schöpfungslust und Selbstvergessenheit und des Daseins im Augenblick anstimmt. Und das, indem es die Gedanken ohne Ziel und Zweck „hüpfen" lässt, nichts anderes ist als Sprache gewordene Lebenslust. Ringelnatz ist überzeugt: Es gibt nichts Schöneres unter dem Himmel.

Sozusagen grundlos vergnügt

Ich freu mich, dass am Himmel Wolken ziehen
Und dass es regnet, hagelt, friert und schneit.
Ich freu mich auch zur grünen Jahreszeit,
Wenn Heckenrosen und Holunder blühen.
Dass Amseln flöten und dass Immen summen,
Dass Mücken stechen und dass Brummer brummen.
Dass rote Luftballons ins Blaue steigen.
Dass Spatzen schwatzen.
Und dass Fische schweigen.

Ich freu mich, dass der Mond am Himmel steht
Und dass die Sonne täglich neu aufgeht.
Dass Herbst dem Sommer folgt
Und Lenz dem Winter,
Gefällt mir wohl. Da steckt ein Sinn dahinter,
Wenn auch die Neunmalklugen ihn nicht sehn.
Man kann nicht alles mit dem Kopf verstehn!
Ich freue mich. Das ist des Lebens Sinn.
Ich freue mich vor allem, dass ich bin.

In mir ist alles aufgeräumt und heiter:
Die Diele blitzt. Das Feuer ist geschürt.
An solchem Tag erklettert man die Leiter,
Die von der Erde in den Himmel führt.
Da kann der Mensch, wie es ihm vorgeschrieben,
Weil er sich selber liebt – den Nächsten lieben.
Ich freue mich, dass ich mich an das Schöne
Und an das Wunder niemals ganz gewöhne.
Dass alles so erstaunlich bleibt, und neu!
Ich freu mich, dass ich … dass ich mich freu.

Mascha Kaléko

Was es auch in der Natur zu beobachten gibt, es gibt für Mascha Kaléko immer genügend Grund, sich über alles, was ist, zu freuen. Ich kann alles, was ich sehe, auch anders deuten. Ich kann unzufrieden sein mit der Wirklichkeit. Mit den Mücken, die stechen. Oder mit den Brummern, die brummen. Ich kann mich aber auch an allem erfreuen. Es ist, wie es ist: bunt, lebendig.

Alles hat seinen Sinn. Wer die Freude in seinem Herzen hat, der kann sich freuen an dem, was er erlebt. Er geht schon mit dem Vorurteil der Freude in den Tag und in die Erfahrungen und Erlebnisse des Tages hinein. Er vertieft die Freude durch das Hören und Schauen. Und letztlich bleibt am Schluss des Tages die Freude daran, dass ich mich freue.

Sehnsucht

Nur wer die Sehnsucht kennt,
Weiß, was ich leide!
Allein und abgetrennt
Von aller Freude,
Seh ich ans Firmament
Nach jener Seite.
Ach, der mich liebt und kennt,
Ist in der Weite.
Es schwindelt mir, es brennt
Mein Eingeweide.
Nur wer die Sehnsucht kennt,
Weiß, was ich leide!

Johann Wolfgang von Goethe

Der Sprecher in diesem Gedicht ist voller Sehnsucht nach dem, der ihn liebt und kennt. Doch der, der ihn liebt, ist weit weg von ihm. Die Sehnsucht ist voller Leid. Das Wort „Sehnsucht" kommt ja von „sehnen" und „Sucht". Und Sucht kommt von „siech sein, krank sein". Die Sehnsucht macht uns krank, so wie uns die Liebe auch krank machen kann, wenn wir uns in der Liebe nach dem Geliebten sehnen, der sich uns entzieht, der in der Ferne ist. Dieses Leid trennt uns ab von aller Freude. Wir spüren die Freude nicht mehr, nur noch den Schmerz. Goethe beschreibt zwei Gefühlsregungen, die die Sehnsucht hervorruft: „Es schwindelt mir, es brennt mein Eingeweide." Die Sehnsucht erzeugt Schwindelgefühle. Sie zieht mir den festen Grund unter meinen Füßen weg. Und sie lässt meine Eingeweide brennen. Die Liebe wird ja immer auch mit dem Feuer verglichen. Das Feuer wärmt uns. Aber es kann in uns auch einen Brand entzünden, der schmerzlich ist. Die Eingeweide waren für die Griechen der Ort der verwundbaren Gefühle. Dort im Innersten brennt es in uns.

Der Dichter sehnt sich nach einem Menschen, der wie er die Sehnsucht kennt. Denn nur wer die Sehnsucht kennt, versteht den Dichter in seinem Leid. Wenn einer ihn versteht, dann wird sein Leid gelindert. Geteiltes Leid ist halbes Leid. So ist das Gedicht auch eine Bitte an die Leser, mit der eigenen Sehnsucht in Berührung zu kommen. Unsere Sehnsucht macht uns menschlicher. Wir verstehen andere besser. Letztlich zielt alle Sehnsucht über die Welt hinaus. Dieser Aspekt taucht im Gedicht Goethes nicht auf. Doch wenn wir unsere Sehnsucht nach irdischer Liebe zu Ende denken und auf Gott richten, wird das Leid in unserer unerfüllten Liebe erträglich.

Betrachtung der Zeit

Mein sind die Jahre nicht,
Die mir die Zeit genommen;
Mein sind die Jahre nicht,
Die etwa möchten kommen;

Der Augenblick ist mein,
Und nehm ich den in acht
So ist der mein,
Der Jahr und Ewigkeit gemacht.

Andreas Gryphius

Der barocke Dichter Andreas Gryphius denkt über das Geheimnis der Zeit nach: Weder die Vergangenheit noch die Zukunft gehört uns, sondern allein der Augenblick. Die Jahre, die vergangen sind, haben uns die Zeit genommen. Wir haben das Gefühl, uns wäre die Zeit geraubt worden. Sie gehört nicht mehr uns. Aber ebenso wenig gehören uns die Jahre, die noch kommen werden. Die Zukunft ist jetzt noch nicht da. Sie liegt nicht in unseren Händen. Wir können sie nicht besitzen.

Doch dieser jetzige Augenblick, der ist mein. Wenn ich ganz gegenwärtig bin, dann bin ich ganz ich selbst. Doch es ist gar nicht so einfach, ganz im Augenblick zu sein. Es verlangt, dass ich all meine Sorgen und Pläne loslasse, dass ich alles Bewerten und Befürchten loslasse. Ich verzichte darauf, das was war und was jetzt ist, zu bewerten. Und ich lasse die Angst um die Zukunft los. Ich bin jetzt nur in diesem einen Augenblick. Wenn mir das gelingt, so sagt der Dichter, dann bin ich nicht nur ganz ich selbst. Ich bin auch eins mit dem, der Jahr und Ewigkeit gemacht. Ich bin eins mit Gott. Er ist immer der ganz und gar Gegenwärtige. So hat er sich auch am Dornbusch dem Mose geoffenbart: „Ich bin der ‚Ich-bin-da'" (Ex 3,14). Andreas Gryphius lädt uns also ein in die Kunst der Achtsamkeit, von der heute so viele spirituelle Autoren schreiben. Achtsamkeit meint: die Augen öffnen, aufwachen und die Wirklichkeit so sehen, wie sie ist, diesen einen Augenblick anzuschauen und mit ihm zu verschmelzen. Dann wandelt sich unser Leben. Dann sind wir in diesem Augenblick auch eins mit Gott.

Empfänger unbekannt –
Retour à l'expéditeur

Vielen Dank für die Wolken.
Vielen Dank für das wohltemperierte Klavier
und, warum nicht, für die warmen Winterstiefel.
Vielen Dank für mein sonderbares Gehirn
und für allerhand andre verborgne Organe,
für die Luft, und natürlich für den Bordeaux.
Herzlichen Dank dafür, dass mir das Feuerzeug nicht
ausgeht,
und die Begierde, und das Bedauern, das inständige
Bedauern.
Vielen Dank für die vier Jahreszeiten,
für die Zahl e und für das Koffein,
und natürlich für die Erdbeeren auf dem Teller,
gemalt von Chardin, sowie für den Schlaf,
für den Schlaf ganz besonders,
und, damit ich es nicht vergesse, für den Anfang und das
Ende
und die paar Minuten dazwischen
inständigen Dank,
meinetwegen für die Wühlmäuse draußen im Garten
auch.

Hans Magnus Enzensberger

Der Schriftsteller Hans Magnus Enzensberger war nicht zuletzt auch wegen seines politischen Engagements einer der Lieblingsautoren der 68er-Generation. In diesem Gedicht „Empfänger unbekannt" spüren wir nichts von seiner politischen Haltung. Es ist ein Gedicht der Dankbarkeit, voller Humor und Leichtigkeit. Der Autor dankt spontan für das, was ihm gerade einfällt. Da steht die Dankbarkeit der Schöpfung gegenüber neben dem Dank für die Musik. Und dann dankt der Autor für sich selbst, für sein Gehirn, für seinen Leib, für seine Begierden und seine Freuden, für das, was er genießen kann, aber auch für das Bedauern. Und schließlich dankt er sogar für den Schlaf, „für den Schlaf ganz besonders". Schlafen zu können, alles loslassen zu können, das Genießen und das Bedauern, die Arbeit und die Sorgen, das ist für ihn wohl Anlass zum größten Dank.

Wem er dankt, das lässt der Autor offen. Ja, die Überschrift nennt den „Empfänger unbekannt". Für den Dichter mag es irgendeine Instanz sein, die er nicht nennt. Für den Leser mag es Gott sein, dem er all das verdankt, wovon und wofür er lebt. Dankbarkeit ist dem Menschen offensichtlich auch möglich, selbst wenn er den Adressaten seiner Dankbarkeit nicht so eindeutig benennen kann. Dankbarkeit als Haltung gibt dem Leben Leichtigkeit und Humor, Gelassenheit und innere Freiheit. Und sie öffnet die Augen für den Reichtum des Lebens, für das, was ist. Ich nehme alles um mich herum wahr und kann mich daran freuen. Es ist mehr als Freude. Es ist Dankbarkeit. Ich denke über das nach, was ich wahrnehme, ich erkenne etwas ganz Besonderes an ihm. Und im Denken formt sich ein Dank. Das Danken befruchtet das Denken.

$\mathcal{A}$bend

Der schnelle Tag ist hin;
die Nacht schwingt ihre Fahn
Und führt die Sternen auf.
Der Menschen müde Scharen
Verlassen Feld und Werk;
wo Tier und Vögel waren,
Traurt jetzt die Einsamkeit.
Wie ist die Zeit vertan!

Dem Port naht mehr und mehr
sich zu der Glieder Kahn.
Gleich wie dies Licht verfiel,
so wird in wenig Jahren
Ich, du und was man hat und
was man sieht, hinfahren.
Dies Leben kommt mir vor als
eine Rennebahn.

Lass, höchster Gott!
Mich doch nicht auf dem Laufplatz gleiten!
Lass mich nicht Ach,
nicht Pracht, nicht Lust,
nicht Angst verleiten!
Dein ewigheller Glanz sei vor
und neben mir!

Lass, wenn der müde Leib entschläft,
die Seele wachen,
Und wenn der letzte Tag wird mit
mir Abend machen,
So reiß mich aus dem
Tal der Finsternis zu Dir!

Andreas Gryphius

Der Mensch erlebt sein Leben als kurz. Alles geht schnell dahin. Das Dasein ist höchste Anstrengung. Der Leib verfällt so wie das Licht, das vorübergeht. Der schlesische Barockdichter, der zur Zeit des dreißigjährigen Krieges gelebt hat, leidet an der Vergänglichkeit. Seine Bitte ist, dass er Gottes ewighellen Glanz um sich spüren möge. Der Leib wird müde und wird entschlafen. Doch die Seele möge für immer wachen. Das gilt nicht nur für den Tod, in dem die Seele für immer zu Gott erwacht. Sie soll schon hier auf Erden wach bleiben. Mitten in der Vergänglichkeit geht es darum, mit seiner Seele in Berührung zu sein und so mitten in der Zeit die Ewigkeit zu spüren. Dann leuchtet in unsere Finsternis schon jetzt das ewige Licht. Der Tod kann zwar unseren Leib zerstören. Aber aus Gottes Hand kann er uns nicht heraus reißen: Davon ist der Dichter überzeugt. Die Beziehung zu Gott ist ihm Trost mitten in der Vergänglichkeit des Lebens. Aus der Liebe zu Gott können wir auch im Tod nicht fallen. Vielmehr werden wir im Tod für immer in Gottes Liebe hineinfallen und darin geborgen sein.

Wandrers Nachtlied

Über allen Gipfeln
Ist Ruh,
In allen Wipfeln
Spürest du
Kaum einen Hauch;
Die Vögelein schweigen im Walde.
Warte nur, balde
Ruhest du auch.

Johann Wolfgang von Goethe

Die Worte, die Goethe über die Ruhe findet, beschreiben nicht nur die Ruhe, sie bewirken die Ruhe. Sie schaffen das, was sie aussagen. Das ist eine Kunst, die uns nur selten begegnet. Man kann dieses Gedicht gar nicht sprechen, ohne selber die Ruhe im Herzen zu spüren, die es sprachlich beschwört. Der Wanderer hält am Abend inne. Alles um ihn herum ist ruhig und still. Über allen Gipfeln der Berge ist Ruhe. Und in den Wipfeln der Bäume kein Windhauch. Auch die Bäume strahlen Ruhe aus. Die Vögel haben aufgehört zu singen. Alle Natur ist in diese tiefe Stille getaucht. Und so schließt das Gedicht mit den einfachen, aber umso eindringlicheren Worten: „Warte nur, balde ruhest du auch." Es ist die Sehnsucht, in dieser äußeren Ruhe auch innerlich zur Ruhe zu kommen und sanft einzuschlafen. Das Gedicht lässt es offen, ob nur die Ruhe des Nachtschlafes gemeint ist, oder nicht doch auch die ewige Ruhe, von der die Ruhe des Waldes und die Ruhe der Gipfel und Wipfel bildhaft künden: Unser Leben mündet jeden Abend ein in eine tiefe Ruhe. Und zugleich sehnen wir uns am Abend, dass uns einmal eine ewige Ruhe empfangen und umfangen wird. Keine Totenruhe ist da gemeint, sondern eine heilige Ruhe, so wie sie in dem Gedicht zum Ausdruck kommt: eine andächtige, bewegte, lebendige Ruhe, die uns in Berührung bringt mit dem Eigentlichen, Unfassbaren, Geheimnisvollen, das uns in der Stille umgibt.

Wie Blütenduft

Glück ist wie Blütenduft,
der dir vorüber fliegt ...
Du ahnest dunkel Ungeheures,
dem keine Worte dienen –
schließest die Augen,
wirfst das Haupt zurück –
und, ach!
vorüber ist's.

Christian Morgenstern

Sehnsucht nach Glück bewegt die Menschen. Die Bücher, die uns Ratschläge geben, wie wir glücklich werden können, werden immer mehr. Christian Morgenstern ist einer solchen Glückssuche gegenüber skeptisch. Für ihn ist Glück wie der Blütenduft, der vorüber fliegt. Wir können diesen Duft kurz riechen. Aber wir können den Geruch nicht festhalten. Wenn wir vom Glück reden, dann haben wir das Gefühl: Alles wird sich in unserem Leben wandeln. Glück ist etwas Außergewöhnliches. Wir machen uns auf, damit das Glück zu uns kommt. Und dann – so hoffen wir – wird alles anders. Wir können gar nicht mehr beschreiben, was da auf uns zukommt. So träumen wir vom Glück. Mit geschlossenen Augen malen wir es uns in allen Farben aus. Doch sobald wir die Augen öffnen und das Haupt zurückwerfen, ist alles vorüber. Nichts ist mehr zu sehen. Es war nur ein Traum. Es war nur ein kurzer Blütenduft, vorüber gegangen, nicht festzuhalten. Aber wir können uns erinnern. Wir verbinden bestimmte Ereignisse mit einem gewissen Duft. Heimat etwa, aber auch Kindheit hat einen bestimmten Geruch. Wenn dieser Duft wieder in unsere Nase dringt, dann ist für einen Augenblick das Glück wieder da, das uns damals wie umweht hat. Aber es lässt sich nicht festhalten. Es ist etwas Feines, Zartes, das man nur erahnen kann, wenn man es riecht. Die Erinnerung hält es in uns wach.

Ehmals und jetzt

In jüngern Tagen war ich des Morgens froh,
Des Abends weint ich; jetzt, da ich älter bin,
Beginn ich zweifelnd meinen Tag, doch
Heilig und heiter ist mir sein Ende.

Friedrich Hölderlin

Der Psalmist betet: „Wenn man am Abend auch weint, am Morgen herrscht wieder Jubel." (Ps 30,6) Diese Erfahrung hat Friedrich Hölderlin auch gemacht, solange er jung war. Und viele Menschen erleben es ähnlich. Die Depression am Abend wird durch die Nacht erhellt. Aber nicht jeder erfährt es so. Es gibt auch das Aufwachen am Morgen, das sich schwer anfühlt. Man bringt es kaum über sich, aufzustehen. Am liebsten würde man liegen bleiben.

Friedrich Hölderlin zählt diese Erfahrung dem Alter zu. Er spricht nicht von der Depression, die manche beim Aufwachen verspüren, sondern vom zweifelnden Beginn des Tages. Man fragt sich, was der Tag wohl bringen mag. Man hat zuviel erfahren, als dass man sich einfach dem Vertrauen überlassen könnte, alles würde schon gut werden. Doch der Dichter bleibt nicht im Zweifel hängen. Das Ende des Tages ist ihm heilig und heiter. Es ist eine eigenartige Verbindung dieser beiden Worte: heilig und heiter. Heilig ist das, was der Welt entzogen ist. Heilig ist auch das, was durch Gottes Gegenwart geheiligt ist, was wertvoll und kostbar ist. Das Heilige gibt dem Leben eine innere Leichtigkeit. Wenn nicht mehr die Last der Welt auf mir liegt, sondern das Heilige mir einen Freiraum schafft, dann wird die Seele heiter. Dann relativiert sich alles. Dann entsteht diese innere Leichtigkeit.

Der Zweifel wird abgelöst durch die Erfahrung des Heiligen und Heiteren. So will uns das Gedicht einladen, allen Anfang und jedes Ende in Heiterkeit und Gelassenheit zu begehen, dankbar für das Heil, das uns widerfahren ist, für das Heilige, das wir erlebt haben und das in uns selber ist. Und es will uns die Angst nehmen vor den Zweifeln, die auch aufkommen dürfen. Sie werden sich am Ende wieder wandeln in Heiligkeit und Heiterkeit.

Wechsel der Dinge

Und ich war alt, und ich war jung zu Zeiten
War alt am Morgen und am Abend jung
Und war ein Kind, erinnernd Traurigkeiten
Und war ein Greis ohne Erinnerung.

War traurig, wann ich jung war
Bin traurig, nun ich alt
So, wann kann ich mal lustig sein?
Es wäre besser bald.

Bertolt Brecht

In seinem Gedicht über den Wechsel der Dinge stellt Bertolt Brecht alles anders da, als wir erwarten. Wir erwarten, dass wir am Morgen jung sind und am Abend alt, dass wir als Kind fröhlich sind und als alte Menschen traurig, dass wir als junge Menschen ganz im Augenblick leben und als alte Menschen in der Erinnerung. Aber hier ist alles anders, verkehrt herum. Der Dichter sagt von sich, dass er schon am Morgen alt war. Er war ohne Kraft, ohne Begeisterung, ohne sich am frischen Morgen zu erfreuen. Er hat es alles einfach nur hingenommen. Doch am Abend, an dem wir normalerweise redlich müde sind, fühlt er sich jung. Doch sein Jungsein ist am Abend unzeitgemäß. Es lässt ihn kaum gut schlafen. Als Kind erinnert sich der Dichter an traurige Dinge. Und als Greis hat er keine Erinnerung. Wir erleben heute viele alte Menschen, auf die das zutrifft. Ihre Erinnerung ist durch die Demenz ausgelöscht.

In der zweiten Strophe beschreibt der Dichter seine trostlose Situation. Er war schon als Junger traurig, jetzt ist er auch als Alter traurig. Und er fragt, wann er denn mal lustig sein kann. Und er gibt zur Antwort: „Es wäre besser bald". Der Dichter spürt, dass er so nicht weiter leben kann. So ist bei aller Resignation über seine Traurigkeit in der Jugend und im Alter doch die Sehnsucht noch da, dass sich jetzt möglichst bald seine Stimmung ändert, dass er lustig sein kann, dass er mit der fröhlichen Seite des Lebens in Berührung kommt.

Der du von dem Himmel bist

Der du von dem Himmel bist,
Alles Leid und Schmerzen stillest,
Den, der doppelt elend ist,
Doppelt mit Erquickung füllest;
Ach, ich bin des Treibens müde!
Was soll all der Schmerz und Lust?
Süßer Friede,
Komm, ach komm in meine Brust!

Johann Wolfgang von Goethe

Goethe nennt Gott nicht den „Vater im Himmel", sondern, den, „der du von dem Himmel bist". In diesem Wort kommt die Entfremdung zum Ausdruck, die der Dichter Gott gegenüber spürt. Er redet Gott an, aber als einen, den er nicht versteht und der ihm letztlich fremd geworden ist. Dieser Gott wirkt in dieser Welt, aber sein Wirken bleibt dem Dichter fremd.

Da wird durchaus Gottes Wirken positiv dargestellt. Er stillt alles Leid und allen Schmerz. Doch er erfüllt den mit doppelter Erquickung, der doppelt elend ist. Aber dann kommt ein Ausdruck der Resignation: „Ich bin des Treibens müde! Was soll all der Schmerz und Lust?" Der Dichter ist müde geworden mit all dem Auf und Ab von Schmerz und Freude, von Leid und Lust. Er sehnt sich einfach nur nach Frieden: „Süßer Friede, komm, ach komm in meine Brust." Er möchte nicht ständig hin und hergerissen werden zwischen Leid und Freude, er möchte einfach nur noch Frieden. Er möchte im Einklang sein mit sich und mit der Welt. Er bittet nicht mehr Gott um diesen Frieden. Vielmehr spricht er den Frieden selber an, dass er in sein Herz komme. Er möchte nicht mehr nachdenken über die Wechselfälle des Lebens. Er ist müde geworden und sehnt sich nach einem inneren Frieden, in dem er einfach nur da sein kann, ohne über alles Auf und Ab nachdenken zu müssen.

Der Himmel

Halt an, wo laufst du hin?
Der Himmel ist in dir.
Suchst du Gott anderswo,
du fehlst ihn für und für.

Angelus Silesius

Der schlesische Dichter und Mystiker Angelus Silesius weiß: Himmel ist der Bereich Gottes. Überall wo Gott ist, da ist der Himmel. Und er weiß auch: In uns selber ist ein Raum, zu dem die Erde keinen Zutritt hat, über den die Welt keine Macht hat. In uns ist ein heiliger Raum, der der Welt entzogen ist. Hier hat nicht nur die Welt keinen Zutritt. Da haben auch die Menschen keinen Zutritt mit ihren Erwartungen und Ansprüchen, mit ihren Wünschen und ihren Urteilen. Da kann mich niemand verletzen. Da haben auch die eigenen Selbstvorwürfe und Schuldgefühle keinen Zutritt. In dem heiligen Raum bin ich selber heil und ganz. Da brauche ich nichts mehr zu verdrängen oder zu verbergen. Weite und Freiheit ist also nicht nur im Himmel über uns. Die Weite und Freiheit ist auch in mir. Schon die Kirchenväter sagen, Gott vermag nur in einem weiten Herzen zu wohnen. In einem engen, kleinkarierten Herzen, das sich über alles aufregt, ist kein Raum für Gott.

Ich lebe mein Leben in wachsenden Ringen

Ich lebe mein Leben in wachsenden Ringen,
die sich über die Dinge ziehn.
Ich werde den letzten vielleicht nicht vollbringen,
aber versuchen will ich ihn.
Ich kreise um Gott, um den uralten Turm,
und ich kreise jahrtausendelang;
und ich weiß noch nicht: bin ich ein Falke, ein Sturm
oder ein großer Gesang.

Rainer Maria Rilke

In diesen berühmten Versen aus seinem „Stundenbuch" beschreibt Rilke das Suchen des Menschen nach Gott. In der ersten Strophe wird das Leben des Menschen als ein Leben in wachsenden Ringen beschrieben. Man mag an die Jahresringe eines Baums denken. Aber auch an eine Spirale, die sich immer weiter dreht, ein Ring nach dem andern. Wir selber können nicht bestimmen, wann der letzte Ring beginnt und wann er aufhört. Wir können nur versuchen, ihn zu vollbringen. Aber wir müssen es Gott überlassen, wann unser Ring sich vollendet. Unser ganzes Bemühen kann nur darin bestehen, Ja zu sagen, zu den wachsenden Ringen, die sich über die Dinge, über unser Leben ziehen. Es ist dann Gottes Sache, wann er unserem Leben ein Ende setzt und sagt: Genug. Es braucht keine neuen Ringe mehr.

In der zweiten Strophe wird das Kreisen um Gott beschrieben. Der Mensch kreist in seinem Leben schon immer um ihn, der hier als uralter Turm beschrieben wird, der einfach dasteht, ob wir wollen oder nicht. Der Dichter weiß selbst nicht, wie er sich verstehen soll, als Falke, als Sturm oder als großen Gesang. Manchmal erlebt er sich als Falke, der mit seinen Schwingen durch die Lüfte fliegt und um den Turm kreist. Manchmal erfährt er sich als Sturm. In ihm stürmt alles. Und dieser innere Sturm kreist um das Unbegreifliche, um das Geheimnis, das wir Gott nennen. Aber manchmal erlebt sich der Dichter auch als großen Gesang. Er singt mit seinem Leben ein Lied. Er ist selbst ein Lied. Und dieses Lied, das in seinen Worten, in seinem Singen, in seinem Musizieren, erklingt, kreist immer letztlich um diese absolute Wirklichkeit. Es gibt kein Singen, ohne dass wir dem zusingen, der wie ein uralter Turm in unserem Leben steht, dem Unfassbaren, der all unser Begreifen übersteigt.

Begehren

Wer nichts begehrt, nichts hat, nichts weiß, nichts liebt, nichts will,
Der hat, der weiß, begehrt und liebt noch immer viel.

Angelus Silesius

Der schlesische Dichter und Mystiker Angelus Silesius hat in seinen „geistreichen Sinn- und Schlussreimen" – später unter dem Titel „Der cherubinische Wandersmann" herausgegeben – versucht, die Leser zur „göttlichen Beschaulichkeit" anzuleiten. Er beschreibt das Paradox, dass wir Gott suchen und ihn nie greifen können, dass wir über ihn reden und doch nichts von ihm wissen. Er weiß sich dem großen Strom christlicher Mystik verpflichtet und versucht, in seinen paradox formulierten Sinnsprüchen das Geheimnis des menschlichen Lebens vor Gott und in Gott zu beschreiben. Dieses Paradox unseres Lebens vor Gott kommt auch in unserem Vers zum Ausdruck.

Dabei lehnt sich Angelus Silesius an eine Predigt von Meister Eckhart an, die er über die erste Seligpreisung „Selig die arm sind im Geiste" gehalten hat. Dort spricht er davon, dass der selig ist, der nichts will, nichts hat und nichts weiß. Eckhart hat hier unsere Beziehung zu Gott im Blick. Wir können ihn nicht besitzen, wir sollen ihn auch nicht für uns benutzen, indem wir nur seine Gaben haben wollen. Und von Gott spricht der am angemessensten, der weiß, dass er nichts weiß. Angelus Silesius erweitert diese drei Aspekte geistlicher Arbeit bei Meister Eckhart noch mit dem „nichts begehren" und „nichts lieben". Das Paradox unseres Lebens besteht darin, dass der, der nichts weiß, letztlich sehr viel weiß. Er ist weise geworden. Und wer nichts liebt, wer seine Liebe nicht auf konkrete Dinge lenkt, der liebt immer noch viel. Denn er liebt in der Tiefe seiner Seele Gott. Wer nichts begehrt, der ist offen für seine Sehnsucht nach Gott. Und wer nichts hat, dem gibt er sich, nicht als Besitz, sondern als Geschenk. Er trägt Gott als Geschenk in seinen Händen, nicht um es für sich zu besitzen, sondern um es weiter zu schenken.

Die Zeit ist Ewigkeit

Zeit ist wie Ewigkeit und Ewigkeit wie Zeit,
So du nur selber nicht machst einen Unterscheid.

Angelus Silesius

Der Mensch lebt in der Zeit. Der heilige Augustinus sagt: Jeder meint, er wisse, was die Zeit ist. Denn wir spüren ja in jedem Augenblick, wie die Zeit verrinnt. Sobald wir aber über das Geheimnis der Zeit nachdenken, wissen wir auf einmal nicht mehr, was sie ist. Denn in dem Augenblick, in dem wir über die Zeit sprechen, ist die Zeit schon vorbei, über die wir sprechen. Da ist es eine Ursehnsucht, die Zeit festzuhalten. Gerade Augenblicke, die schön sind, wollen wir festhalten. Sie sollen ewig dauern. Aber das genügt nicht.

Angelus Silesius zeigt uns einen anderen Weg, wie wir in der Zeit Ewigkeit erleben können: Wir sollen keinen Unterschied machen zwischen Zeit und Ewigkeit. Doch die Frage ist, wie das gehen soll. Ewigkeit ist das ewige Jetzt. Wenn wir ganz im Augenblick sind, dann fallen Zeit und Ewigkeit zusammen. Wir erleben die Zeit als vergänglich, weil wir nie im Augenblick sind. Wir sind entweder in der Vergangenheit, kreisen um das, was uns früher beschäftigt hat, über die geführten Gespräche, die verletzenden Worte, die wir gehört haben. Oder aber wir kreisen um die Zukunft. Wir machen uns Sorgen über das, was uns im nächsten Augenblick erwartet. So sind wir nie im Augenblick. Wir sehnen uns nach Ewigkeit. Aber wir erleben die Zeit als flüchtig. Keinen Unterschied zu machen zwischen Zeit und Ewigkeit, das würde bedeuten, dass wir die Haltung des Mystikers einnehmen, der nichts festhalten will, der nichts wissen will, sondern der sich auf das Geheimnis dieses einen Augenblicks einlässt und darin sich auf Gott einlässt. Es verlangt eine innere Haltung des Menschen, die Haltung des Loslassens und die Haltung der Achtsamkeit, damit wir die Zeit als Ewigkeit erleben. Indem wir uns und unser urteilendes Denken loslassen, sind wir jetzt schon in der Zeit in der Ewigkeit.

*B*lick in den Strom

Sahst du ein Glück vorübergehn,
das nie sich wiederfindet,
ist's gut, in einen Strom zu sehn,
wo alles wogt und schwindet.

O, starre nur hinein, hinein,
du wirst es leichter missen,
was dir, und soll's dein Liebstes sein,
vom Herzen ward gerissen.

Blick unverwandt hinab zum Fluss,
bis deine Tränen fallen,
und sieh durch ihren warmen Guss
die Flut hinunter wallen.

Hinträumend wird Vergessenheit
des Herzens Wunde schließen;
die Seele sieht mit ihrem Leid
sich selbst vorüber fließen.

Nikolaus Lenau

Nikolaus Lenau, der in seiner Lyrik dem Weltschmerz einen unendlich schönen Ausdruck verleiht, empfiehlt uns, einen Fluss mit seinem strömenden Wasser zu meditieren. Wenn wir am Wasser sitzen und der Strömung nachsinnen, dann werden wir ruhig. Aber wir können auch vieles loslassen, was uns belastet. Das Gedicht beschreibt verschiedene Situationen, in denen uns das Betrachten des Stromes gut tut. Da ist die Situation, dass ein Glück vorüber geht. Wir haben uns glücklich gefühlt, weil unser Leben gelang, weil wir gute Freunde und eine sinnvolle Arbeit hatten. Doch dann werden wir krank. Wir müssen die Arbeit aufgeben und Freunde verlassen uns. Wir kreisen dann oft um unseren Schmerz. Wir kreisen im Selbstmitleid.

Da ist es gut, in die Strömung zu schauen. Alles geht vorüber. Selbst wenn uns das Liebste, der Ehepartner, durch den Tod oder durch eine Trennung entrissen wird, wird es uns leichter ums Herz, wenn wir auf das Wasser schauen. Der Blick auf das Wasser lässt in uns die Tränen fließen, die sich mit dem Wasser des Stromes vermischen. Wenn wir unsere Tränen mit den Wasserfluten „hinunter wallen" lassen, dann werden wir wie der Fluss die Vergangenheit vergessen. Und dieses Vergessen wird die Wunde unseres Herzens schließen. Die Seele bleibt nicht in ihrem Leid stecken. Sie sieht „sich selbst vorüber fließen". Das lindert alles Leid. Es relativiert jeden Schmerz. Wir erleben uns fließend. Auch wenn dieses Fließen voller Traurigkeit ist, so ist es doch auch ein Zeichen von Lebendigkeit. Alles Lebendige fließt. Und wenn wir im Fluss sind, dann fühlen wir uns trotz allen Leids im Einklang mit uns selbst.

Liebe Schmerzen

Arme Schwestern, liebe Schmerzen,
Seid nicht ihr auch Gottesgaben?
Aber keiner will euch haben.
Wohnet denn in meinem Herzen!

Alle Lust der Welt zu haschen,
Gierig bin ich ausgezogen,
Kam geplündert, kam betrogen,
Müde heim mit leeren Taschen.

Die ich einst so sehr verachtet,
Liebe Schmerzen, seid gesegnet,
Die ihr mir so reich begegnet,
Mich so innig nun umnachtet!

Heiß durchflutet euer Glühen
Meines Blutes dunkle Wogen,
Die, von euch emporgezogen,
tiefer atmen, schöner blühen.

Hermann Hesse

Schmerzen empfinden wir als unangenehm. Wir wollen sie loshaben. Wir nehmen Tabletten, um den Schmerz nicht zu spüren. Die moderne Schmerztherapie rät uns – ähnlich wie der Dichter –, die Schmerzen in unser Herz eintreten zu lassen. Dann werden sie eher wieder weggehen, als wenn wir ständig gegen sie kämpfen. Für den Dichter haben die Schmerzen aber noch eine andere Bedeutung. Er ist in die Welt gezogen, um alle Lust der Welt zu erobern. Doch jetzt ist er müde mit leeren Taschen heimgekehrt. Die Welt hat nicht gehalten, was sie versprochen hat. Jetzt spürt er den Schmerz. Er nennt ihn einen gesegneten Schmerz. Seine Wirkung ist paradox. Sie umnachtet ihn, aber „innig". Es ist also eine liebevolle Nacht, in die die Schmerzen ihn führen, eine Nacht, in der er sich selbst spürt, bei sich ist, in der er emporgezogen wird zu höheren Ebenen des Daseins, letztlich zu Gott. Er segnet die Schmerzen. Dann lassen sie ihn tiefer atmen und schöner blühen.

Nicht jeder wird diese Erfahrung von Hermann Hesse machen, wenn Schmerzen ihn quälen. Aber das Gedicht lädt uns ein, unsere Schmerzen einmal anders anzuschauen. Immerhin spüren wir uns selbst in unserem Schmerz. Und wir spüren unsere tiefste Sehnsucht nach Heilsein und Ganzsein, nach innerem Frieden und Freiheit. Im Schmerz sagt uns unser Leib, dass wir mit unserem Herzen noch nicht da sind, wo der wahre Friede uns erwartet, in unserem inneren Raum der Stille, in dem Gott selbst in uns wohnt.

Die lieben Schmerzen erweisen uns also einen Liebesdienst: Sie lassen uns manches nicht mehr spüren, das uns bisher so wichtig war. Sie schützen uns vor unnötigen Sorgen, und ziehen uns empor, auf eine andere Ebene. Wenn wir uns emporziehen lassen, atmen wir tiefer und etwas blüht in uns auf.

Das Herz ist mir bedrückt

Das Herz ist mir bedrückt, und sehnlich
Gedenke ich der alten Zeit;
Die Welt war damals noch so wöhnlich,
Und ruhig lebten hin die Leut.
Doch jetzt ist alles wie verschoben,
Das ist ein Drängen! eine Not!
Gestorben ist der Herrgott oben,
Und unten ist der Teufel tot.
Und alles schaut so grämlich trübe,
So krausverwirrt und morsch und kalt,
Und wäre nicht das bißchen Liebe,
So gäb es nirgends einen Halt.

Heinrich Heine

Heinrich Heine betrachtet voller Schmerz die Situation seiner Zeit. Sein Herz sehnt sich nach der alten Zeit, als alles besser war. Da erlebte man die Welt noch als Heimat. Da war alles noch wohnlich. Und die Menschen lebten ruhig. Heute ist alles anders. Heute ist ein Drängen. Was Heine für das 19. Jahrhundert beschrieben hat, das ist heute eine noch viel größere Not. Da ist die Hektik in der Arbeit, aber auch in der Freizeit zum Kennzeichen unserer Zeit geworden. Und der Mensch erlebt eine innere Not. Der Grund dieser Not ist, dass sowohl Gott in der Höhe als auch der Teufel in der Tiefe tot sind. Es gibt weder Gott noch den Teufel. Das ist keine Befreiung des Menschen, wie manche meinen könnten. Die Menschen bräuchten keine Angst mehr zu haben vor dem Teufel und sich nicht mehr um Gottes Willen und Weisung kümmern. Doch die Reaktion auf den Tod Gottes und den Tod des Teufels ist: „alles schaut so grämlich trübe, so kraus-verwirrt und morsch und kalt". Ohne die Spannung zwischen Himmel und Hölle, zwischen Gott und dem Teufel wird das Leben langweilig. Wenn weder Gott noch der Teufel die Menschen bewegt, dann leben sie verwirrt. Sie wissen nicht mehr, worum es in ihrem Leben geht. Sie verlieren den Sinn. Alles wird morsch und kalt. Man kann sich für nichts mehr begeistern. Das führt zur „grämlichen Trübe" in den Herzen. Der einzige Halt, den wir in dieser Situation finden, ist das „bisschen Liebe", das die Menschen zueinander spüren. Die Liebe ist der einzige Halt. Sie führt zur „Heimkehr", wie Heine den Zyklus nannte, in dem sein Gedicht steht. Und Liebe schafft uns mitten in einer verwirrten und trüben Welt ein Stück Heimat.

Bald ist unsers Lebens Traum zu Ende

Bald ist unsers Lebens Traum zu Ende,
Schnell verfließt er in die Ewigkeit.
Reicht zum frohen Tanze euch die Hände!
Tut's geschwinde; sonst enteilt die Zeit!

Theodor Storm

Es ist eine alte Vorstellung, unser Leben als einen Traum zu sehen. Die Träume in der Nacht gehen schnell zu Ende. Schon der Psalmist meinte, unsere Tage würden wie ein Traum vorüber fliegen. Träume kann man nicht festhalten. Wenn wir aufwachen, ist der Traum zu Ende. Genauso schnell geht es mit dem Leben. Der Traum des Lebens verfließt schnell in die Ewigkeit. Es ist dann ein anderes Aufwachen als das am Morgen, das die Nachtträume beendet. Im Tod werden wir für immer aufwachen und Gott mit offenen Augen anschauen. Aber dann ist dieses Leben auch zu Ende. Wir können es nicht weiter leben. Es beginnt ein anderes Leben.

Storm spricht nicht über das, was uns erwartet. Vielmehr sollen wir angesichts der Kürze unseres Lebens uns zum frohen Tanz die Hände reichen. So ähnlich hat es uns schon Kohelet, der weise Prediger des Alten Testaments geraten. Angesichts eines Lebens, in dem alles nur Windhauch ist, fordert uns der Prediger auf: „Iss freudig dein Brot, und trink vergnügt deinen Wein; denn das, was du tust, hat Gott längst so festgelegt, wie es ihm gefiel." (Koh 9,7) Was uns bleibt, ist uns an diesem Leben, das Gott uns geschenkt hat, zu erfreuen. Der Tanz ist ein Ausdruck dieser Freude. Wir tanzen miteinander, freuen uns miteinander und aneinander. Das, was uns das Leben an Freude bietet, sollen wir ergreifen. Denn „sonst enteilt die Zeit".

Unsere langen Schatten

Unsere langen Schatten
Im Sternenlicht
Und der Wein auf der Erde
Wie eng am Tode
Führt unser Weg
Oh Lieber bedenk es
Wie geliehen wir sind
Wie flüchtig das Unsre
Das Gefühl und wir selbst
Was du heute an Ich sparst
Und nicht bis zum Rand gibst
Ist morgen vielleicht
So traurig und unnütz
Wie die Puppe
Nach dem Begräbnis des Kinds

Nur die klingende
Bis zur äußersten
Haut des Herzens gespannte
Stunde besteht.

Hilde Domin

Hilde Domin denkt in diesem Gedicht über das Geheimnis unseres Lebens nach, über die Vergänglichkeit und über den Sinn unserer menschlichen Existenz. Unser Leben vollzieht sich zwischen Himmel und Erde. Unsere Schatten im Sternenlicht weisen hin auf unsere göttliche Herkunft. Und der Wein auf der Erde zeigt uns, dass wir hier auf Erden unser Leben leben und es auch genießen dürfen. Aber zugleich sollten wir uns bei allem Genießen immer bewusst sein: Unser Leben ist uns von Gott geliehen. Alles geht vorüber. Alles ist flüchtig, wir können es nicht festhalten. Auch unser Ich sollen wir nicht festhalten. Wenn wir uns am Ich festklammern, dann werden wir morgen unnütz wie eine weggeworfene Puppe nach dem Tod eines Kindes. Das Wissen um unsere Vergänglichkeit lädt uns ein, uns selbst bis zum Rand zu geben – dann wird unser Leben Frucht bringen, dann wird es zum Wein für die Menschen, dann leuchtet durch uns etwas vom Sternenlicht in das Herz der Menschen. Wer sich zurückhält, wer nur an sich selber spart, der wird darunter leiden, nie gelebt zu haben. So lädt uns dieses Gedicht in der letzten Strophe ein, ganz im Augenblick zu leben. Doch zwei Aspekte sind dabei wichtig: Die Stunde soll klingen. Wir sollen die Melodie unseres Herzens erklingen lassen. Wir sollen also hörbar werden in dieser Zeit. Durch uns soll etwas von Gottes Melodie in den Herzen der Menschen widerhallen. Und die Stunde soll „bis zur äußersten Haut des Herzens gespannt" sein: Es gilt, unser Herz hineinzugeben in diesen Augenblick, mit dem ganzen Herzen zu leben, zu sehen, zu hören, zu sprechen und zu lieben.

Hälfte des Lebens

Mit gelben Birnen hänget
Und voll mit wilden Rosen
Das Land in den See,
Ihr holden Schwäne

Und trunken von Küssen
Tunkt ihr das Haupt
Ins heilignüchterne Wasser.

Weh mir, wo nehm ich, wenn
Es Winter ist, die Blumen, und wo
Den Sonnenschein,

Und Schatten der Erde?
Die Mauern stehn
Sprachlos und kalt, im Winde
Klirren die Fahnen.

Friedrich Hölderlin

In seinem berühmten Gedicht „Hälfte des Lebens" bezieht Friedrich Hölderlin den nahenden Winter auf die zweite Lebenshälfte des Menschen. Er beschwört den reichen und schönen Herbst mit seinen gelben Birnen und den wilden Rosen, die sich im See spiegeln. Doch dann in der Mitte des Gedichtes, bevor er die winterliche Stimmung der kalt dastehenden Mauern und der im Winde klirrenden Fahnen schildert, stellt er die bange Frage: „Weh mir, wo nehm ich, wenn es Winter ist, die Blumen, und wo den Sonnenschein und Schatten der Erde?"

Es sind Worte, die sofort zu Herzen gehen. Es geht hier nicht nur um den kommenden Winter. Es ist die Frage, wie wir unsere zweite Lebenshälfte bestehen können. Das Leben drängt, wenn es älter wird, dem Winter zu. Doch gerade dann, wenn wir älter und einsamer werden, wenn es um uns herum kälter wird, weil viele liebe Menschen uns wegsterben, brauchen wir in uns Blumen, die unsere Seele schmücken, und Sonne, die unser kaltes Herz erwärmt, und Schatten, in dem wir ausruhen können. Jetzt ist die Zeit, zu leben – und diese Erfahrungen zu sammeln.

Herbsttag

Herr: es ist Zeit. Der Sommer war sehr groß.
Leg deinen Schatten auf die Sonnenuhren,
Und auf den Fluren lass die Winde los.

Befiehl den letzten Früchten voll zu sein;
Gib ihnen noch zwei südlichere Tage,
Dränge sie zur Vollendung hin und jage
Die letzte Süße in den schweren Wein.

Wer jetzt kein Haus hat, baut sich keines mehr.
Wer jetzt allein ist, wird es lange bleiben,
Wird wachen, lesen, lange Briefe schreiben
Und wird in den Alleen hin und her
Unruhig wandern, wenn die Blätter treiben.

Rainer Maria Rilke

Zwei verschiedene Stimmungen beschreibt Rilke in seinem Herbstgedicht. Da ist einmal der Herbst als Vollendung. Die Früchte sind vollendet. Die Oktobersonne soll die letzte Süße in den Wein treiben. Der Herbst als Zeit der Ernte ist auch die Zeit des Genießens, des Ausruhens von der Arbeit. Die vollendete Frucht weist auch auf die Vollendung unseres Lebens im Herbst hin. Wir bitten darum, dass Gott auch in den Wein unseres Lebens die letzte Süße treibt, dass wir nicht bitter werden im Alter, sondern milde und einen angenehmen Geschmack verbreiten. Der Herbst unseres Lebens soll für uns selbst und für die Menschen unserer Umgebung voller Süße sein.

Doch in der letzten Strophe schlägt die Stimmung um. „Wer jetzt kein Haus hat, baut sich keines mehr. Wer jetzt allein ist, wird es lange bleiben." Es gibt eine Zeit zum Säen und zum Ernten. Im Herbst fängt man nichts Neues an. Da muss ich mich aussöhnen mit dem, was in mir gewachsen ist. Und wenn ich mich einsam fühle, muss ich mich darauf gefasst machen, dass dieses Gefühl lange bleiben wird. Was nicht gereift ist, bleibt so, wie es ist. Das ist manchmal bitter. Aber wenn ich mich darauf einlasse, dann kann ich das Alleinsein doch auf meine persönliche Weise gestalten, durch Wachen, Lesen und Schreiben. Dann wird in der Einsamkeit in der Tiefe des Herzens etwas Neues reifen: das Einverstandensein mit dem Leben, das Offensein für das Geheimnis des Lebens. Ich werde eine andere Welt in mir entdecken, die Welt des inneren Reichtums meiner Seele. Und im Schreiben werde ich dieser neu entdeckten Welt Ausdruck verleihen und auch andere daran teilhaben lassen.

Herbstglück

Man lebt wie unter einem Zelt.
Es geht jetzt um sehr stille Dinge,
um Astern und um Schmetterlinge
und ein verdorrtes Blumenfeld.

Das Zarteste ist jetzt entflammt
Zum Leben mit erhöhten Sinnen,
und will aus feinen Fäden spinnen
sich einen violetten Samt.

Wir Seelen leben solches mit:
Ein reifes Wort, von fern ein Grüßen
Kann unsere Tage mehr versüßen
Als einst ein Glück, um das man stritt.

Gottfried Benn

Der Herbst hat die Dichter seit jeher fasziniert und inspiriert. Für Gottfried Benn ist es vor allem die Stille, die der Herbst uns bringt. Wenn wir uns dieser Stille überlassen, können wir etwas von dem Glück erfahren, das uns diese Jahreszeit bringen will. Stille ist verbunden mit Zartheit. Nicht nur das Licht der herbstlichen Sonne ist zart. Auch die Blätter leuchten in zarten Farben. So lädt der Herbst uns ein, alles um uns herum mit erhöhten Sinnen wahrzunehmen. Wir schauen auf die zarten Farben, wir hören die Stille des Herbstes. Wir nehmen den herbstlichen Geruch abgeernteter Felder wahr, empfinden den morgendlichen und den abendlichen Geruch eines herbstlichen Tages. Der Duft mag uns an frühe Erfahrungen in der Kindheit erinnern, an die Erfahrungen von Heimat und Geborgenheit, aber auch von Sehnsucht und Wehmut.

Was in der Natur geschieht, spiegelt das Geschehen in unserer Seele wider. Die Seele hat ein Gespür für die Reife, für die eigene Reife, aber auch für reife Worte, die uns berühren und die wie eine süße Frucht sind, an der wir uns freuen. Und das ferne Grüßen kann die Tage des herbstlichen Wanderers mehr versüßen als der Streit um die Fülle des Lebens, der für den Sommer charakteristisch ist. Aber nur Menschen, die still geworden und ganz in ihren Sinnen sind, können dieses zarte Glück des Herbstes erfahren. Sie erleben den Herbst als Bild für ihr eigenes Leben. Die Seele zieht sich zurück in die Räume der Stille, aber auch in die Räume eines zarten Glücks.

Die Blätter fallen

Rings ein Verstummen, ein Entfärben:
Wie sanft den Wald die Lüfte streicheln,
Sein welkes Laub ihm abzuschmeicheln;
Ich liebe dieses milde Sterben.

Von hinnen geht die stille Reise,
Die Zeit der Liebe ist verklungen,
Die Vögel haben ausgesungen,
Und dürre Blätter sinken leise.

Die Vögel zogen nach dem Süden,
Aus dem Verfall des Laubes tauchen
Die Nester, die nicht Schutz mehr brauchen,
Die Blätter fallen stets, die müden.

In dieses Waldes leisem Rauschen
Ist mir, als hör ich Kunde wehen,
Dass alles Sterben und Vergehen
Nur heimlich still vergnügtes Tauschen.

Nikolaus Lenau

Die Gedichte von Nikolaus Lenau sind geprägt von Melancholie und Trauer. Aber indem er seinen Weltschmerz in Sprache umsetzt, wird er verwandelt. Er berührt uns und die Tiefen unserer Seele, in denen wir ähnliche Gefühle wahrnehmen. Er erlaubt uns, uns diesem Weltschmerz zu überlassen. Aber zugleich wird der Schmerz auch verwandelt. Wir spüren ein Einverstandensein mit der Welt.

In seinem Herbstgedicht drückt Nikolaus Lenau dieses Einverstandensein nicht nur durch seine Beschreibung des Herbstes mit dem Verstummen, Entfärben und Fallen der Blätter aus, sondern auch in zwei persönlichen Aussagen: „Ich liebe dieses milde Sterben." Und: In all dem weht mir die Kunde, „dass alles Sterben und Vergehen nur heimlich still vergnügtes Tauschen".

Das Sterben der Natur im Herbst ist für Lenau ein Bild des Sterbens. Aber es ist ein mildes Sterben. Dem Sterben wird das Dunkle und Grausame genommen. Und das Sterben ist ein „heimlich still vergnügtes Tauschen". Es ist kein Vergehen. Wir tauschen im Tod nur die Räume, wie es Michelangelo einmal formuliert hat. Wir tauschen unsere irdische Existenz mit der himmlischen.

Nur wenn wir unsere Trauer ausdrücken, kann sie sich wandeln. Das Gedicht von Lenau lädt uns ein, in der Natur ein Bild für das eigene Sterben zu sehen und einverstanden zu sein mit dem milden Sterben. Es wird uns in einen tiefen inneren Frieden führen, nicht nur im Augenblick unseres Todes, sondern jetzt schon, wenn wir einverstanden sind mit dem Sterben und Vergehen der Natur und mit dem eigenen Tod am Ende unseres Lebens. Der Herbst wird so zum Einüben in unser Sterben, zum Einüben in den vergnügten Tausch dieses Lebens in das, was uns von Gott her erwartet.

Verklärter Herbst

Gewaltig endet so das Jahr
Mit goldnem Wein und Frucht der Gärten.
Rund schweigen Wälder wunderbar
Und sind des Einsamen Gefährten.

Da sagt der Landmann: Es ist gut.
Ihr Abendglocken lang und leise
Gebt noch zum Ende frohen Mut.
Ein Vogelzug grüßt auf der Reise.

Es ist der Liebe milde Zeit.
Im Kahn den blauen Fluss hinunter
Wie schön sich Bild an Bildchen reiht –
Das geht in Ruh und Schweigen unter.

Georg Trakl

Georg Trakl, der schwermütige österreichische Dichter, hat in diesem Herbstgedicht alle Schwermut von sich abgeschüttelt. Er sieht den Herbst als Verklärung, als Verwandlung des Lebens. Im Herbst wird vieles klar, was sonst trüb ist in unserem Leben. Und zu dieser Klärung und Verklärung trägt die Ernte bei, die wir im Herbst genießen dürfen. Trakl spricht vor allem vom goldnen Wein, der alles Graue des Herbstes in uns vergolden soll. Er spricht auch von den schweigenden Wäldern, die des Einsamen Gefährten sind. Die Natur wird im Herbst zum Gefährten des einsamen Menschen. Wer sich einsam fühlt und durch einen bunten Herbstwald geht, mit seinen milden Farben, der fühlt sich nicht mehr einsam. Er ist umgeben von einer milden Stimmung, die seiner Einsamkeit einen neuen Geschmack verleiht, den Geschmack der Milde, des Friedens, des Einverstandenseins mit allem, was ist.

Noch zwei Aspekte des Herbstes fallen mir in diesem Gedicht auf. Der Landmann sagt: „Es ist gut." Die Arbeit ist zu Ende. Jetzt können wir ausruhen. Der Herbst lädt ein, einmal Pause zu machen, die Arbeit ruhen zu lassen, sich auf den Weg zu machen, um allein durch die Wälder zu wandern und sich von der milden Herbstsonne bescheinen zu lassen. Der zweite Aspekt: „Es ist der Liebe milde Zeit." Wir verstehen normalerweise den Mai als den Liebesmonat. Er ist die Zeit der aufbrechenden Liebe. Der Herbst ist die Zeit der milden Liebe. Da wird die Liebe erfahren, echt, ehrlich und milde. Es ist eine Liebe, die uns auch in der stillen Ruhe miteinander verbindet, tiefer als manche leidenschaftliche Liebe.

Ziehende Landschaft

Man muß weggehen können
und doch sein wie ein Baum:
als bliebe die Wurzel im Boden,
als zöge die Landschaft und wir ständen fest.
Man muß den Atem anhalten,
bis der Wind nachläßt
und die fremde Luft um uns zu kreisen beginnt,
bis das Spiel von Licht und Schatten,
von Grün und Blau,
die alten Muster zeigt
und wir zuhause sind,
wo es auch sei,
und niedersitzen können und uns anlehnen,
als sei es an das Grab
unserer Mutter.

Hilde Domin

Hilde Domin drückt in ihrem Gedicht „Ziehende Landschaft" die Spannung unseres Lebens aus. Auf der einen Seite müssen wir weggehen können, auf der anderen Seite bleiben wie ein Baum. Alles zieht an uns vorüber und doch brauchen wir einen festen Stand. In allem Spiel unseres Lebens suchen wir nach den alten Mustern. Und bei allem Fortgehen und bei aller Bewegung sehnen wir uns danach, zuhause zu sein, „wo es auch sei". Das Zuhausesein drückt die Dichterin in einem eigenartigen Bild aus: „niedersitzen können und uns anlehnen als sei es an das Grab unserer Mutter". Zuhause sind wir dort, wo wir uns niedersetzen können. Sitzen bedeutet: ausruhen, einfach da sein, nichts leisten müssen. Zuhause sind wir dort, wo wir uns anlehnen können. Auch wenn wir erwachsen sind, ist in uns die Sehnsucht, uns anlehnen zu können. Wir möchten uns an den Vater anlehnen, dass wir Anteil haben an seiner Kraft. Wir möchten uns anlehnen an die Mutter, damit wir ihre Liebe spüren und in ihrer Liebe daheim sind. Doch hier spricht Domin vom Anlehnen an das Grab der Mutter. Die Mutter ist schon tot. Doch ihr Grab erinnert an sie. Wir können uns anlehnen an all das, was die Mutter für uns verkörpert: Heimat und Geborgenheit, Liebe und Angenommensein, Nichtbewerten und Einfachseindürfen. Auf dem Weg unseres Lebens können wir nicht zurück zur Mutter oder zum Vater. Das wäre ein Rückschritt. Aber sich mitten auf dem Weg anlehnen können an das, was uns zuhause sein lässt – die Qualität, die Vater und Mutter für uns repräsentieren –, das schenkt uns Vertrauen und Kraft mitten im Gehen.

Vereinsamt

Die Krähen schrein
Und ziehen schwirren Flugs zur Stadt:
Bald wird es schnein, –
Wohl dem, der jetzt noch – Heimat hat!

Nun stehst du starr,
Schaust rückwärts, ach! wie lange schon!
Was bist du Narr
Vor Winters in die Welt entflohn?

Die Welt – ein Tor
Zu tausend Wüsten stumm und kalt!
Wer das verlor,
Was du verlorst, macht nirgends Halt.

Nun stehst du bleich,
Zur Winter-Wanderschaft verflucht,
Dem Rauche gleich,
Der stets nach kältern Himmeln sucht.

Flieg, Vogel, schnarr
Dein Lied im Wüstenvogel-Ton! –
Versteck, du Narr,
Dein blutend Herz in Eis und Hohn!

Die Krähen schrein
Und ziehen schwirren Flugs zur Stadt:
Bald wird es schnein, –
Weh dem, der keine Heimat hat!

Friedrich Nietzsche

Ein jüdischer Midrasch sagt: „Besser für den Menschen zu sterben, als aus seiner Heimat vertrieben zu werden." Die Juden wussten, was Heimat ist. Verstreut in alle Welt, war es für sie umso wichtiger, um ihre Heimat zu wissen.

Auch Friedrich Nietzsche hat darum gewusst, was es bedeuten kann, keine Heimat zu haben. Schon die erste Strophe seines Gedichts „Vereinsamt" bringt die eigenen existenziellen Erfahrungen in ein eindrucksvolles Naturbild. Für Nietzsche kann die „Winter-Wanderschaft" nur bestehen, wer eine Heimat hat. Mit dem Bild der Winter-Wanderschaft umschreibt er unser modernes Lebensgefühl des Unterwegs: Es ist nicht das fröhliche Wandern der Romantik, sondern ein Wandern in winterlicher Landschaft, in Eiseskälte. Die Gefühle sind wie erfroren. Es blüht nichts mehr in unserem Leben. Da braucht es die Erfahrung der inneren Heimat, um in der Kälte unserer Welt bestehen zu können.

*I*m halben Eise

Blick in die Welt und lerne leben,
Bedrängt Gemüt;
Braucht nur ein Tauwind sich zu heben,
Und alles blüht.

Die Hasel stäubt, am Weidenreise
Glänzt seidner Glast,
Schneeglöckchen lenzt im halben Eise
Und Seidelbast.

Braucht nur ein Tauwind sich zu heben. –
Verzagt Gemüt,
Blick in die Welt und lerne leben:
Der Winter blüht!

Rudolf Alexander Schröder

Rudolf Alexander Schröder, der sich nach dem ersten Weltkrieg geistlicher Lyrik zuwandte und wunderbare Kirchenlieder gedichtet hat, will in diesem Gedicht über den Winter Vertrauen im Leser und in der Leserin wecken: Wir sollen die Welt als Gleichnis sehen für unser Leben. Auch wenn in uns alles erstarrt oder wie unter einer Schneedecke verborgen ist – alles kann sofort aufblühen, sobald sich ein Tauwind erhebt. Sogar der Winter vermag dann zu blühen. Der Tauwind ist ein Bild für den Heiligen Geist und die Natur ein Bild für unsere Seele. Wenn der Geist Gottes über all das Erstarrte in uns weht, dann bekommt das bedrängte Gemüt neue Hoffnung, das Bedrückende löst sich auf. Der Blick auf die Welt und das Gleichnis, das sie für unser Leben ist, soll uns zu leben lehren. Wir können von der Welt lernen, wie das Leben geht. Wer dem Tauwind des Heiligen Geistes traut, der alles in uns zum Blühen bringt, der vermag in jeder Situation zu leben. Er gibt sich selbst nie auf. Er vertraut darauf, dass Gott auch das Vereiste in uns zum Schmelzen und das Erstarrte in uns zum Blühen bringt.

Lichte Nacht

Nacht, mehr denn lichte Nacht!
Nacht, lichter als der Tag!
Nacht, heller als die Sonn,
in der das Licht geboren,
Das Gott,
der Licht in Licht wohnhaftig,
ihm erkoren!
O Nacht, die alle Nächt und Tage
trotzen mag:

O freudenreiche Nacht, in welcher
Ach und Klag
Und Finsternis und was sich
auf die Welt verschworen
Aus Furcht und Höllenangst und
Schrecken war verloren!
Der Himmel bricht;
doch fällt nunmehr kein Donnerschlag.

Der Zeit und Nächte schuf,
ist diese Nacht ankommen
Und hat das Recht der Zeit
und Fleisch an sich genommen.
Und unser Fleisch und Zeit
der Ewigkeit vermacht.

Die jammertrübe Nacht,
die schwarze Nacht der Sünden,
Des Grabes Dunkelheit muss
durch die Nacht verschwinden.
Nacht, lichter als der Tag! Nacht,
mehr denn lichte Nacht!

Andreas Gryphius

Es ist die Nacht, lichter als der Tag. Es ist die Nacht, in der das Licht für uns geboren wird und alle Finsternis aus uns vertreibt. In immer neuen Bildern umkreist Gryphius das Geheimnis. Kein Klischee kommt ihm da unter. In seinen Worten spürt man Betroffenheit, ein persönliches Erstaunen vor dem, der als Licht in unsere Dunkelheit kommt und uns alle Furcht nimmt. Das eigentliche Geheimnis wird in der vorletzten Strophe besungen: Er, der die Zeit geschaffen hat, hat die Zeit an sich genommen. Und er hat unser Fleisch angenommen und es so der Ewigkeit vermacht. Er hat unser geschichtliches Sein in seine Ewigkeit hinein genommen. Damit sind wir jetzt schon – in der Zeit – in der Ewigkeit Gottes. Unser Leben ist anders geworden. Alles, was unser Leben hier verdunkelt – vor allem die Sünde – wird vom Licht von Weihnachten durchdrungen. So weicht die Nacht unserer Schuld, die Nacht unserer Depression diesem weihnachtlichen Licht. Das ereignet sich, wenn wir staunend vor dem Geheimnis dieses ewigen Lichtes stehen, das alles Dunkle in uns in sein göttliches Licht taucht.

Geburt Christi

Hättest du der Einfalt nicht, wie sollte
Dir geschehn, was jetzt die Nacht erhellt?
Sieh, der Gott, der über Völkern grollte,
macht sich mild und kommt in dir zur Welt.

Hast du dir ihn größer vorgestellt?

Was ist Größe? Quer durch alle Maße,
die er durchstreicht, geht sein grades Los.
Selbst ein Stern hat keine solche Straße,
Siehst du, diese Könige sind groß,

und sie schleppen dir vor deinen Schooß

Schätze, die sie für die größten halten,
und du staunst vielleicht bei dieser Gift –:
aber schau in deines Tuches Falten,
wie er jetzt schon alles übertrifft.

Aller Amber, den man weit verschifft,

jeder Goldschmuck und das Luftgewürze,
das sich trübend in die Sinne streut:
alles dieses war von rascher Kürze,
und am Ende hat man es bereut.

Aber (du wirst sehen): Er erfreut.

Rainer Maria Rilke

Rainer Maria Rilke richtet sein 1912 auf Schloß Duino ge-
schriebenes Weihnachtsgedicht an Maria. Er spricht mit Ma-
ria über das, was in dieser Nacht an ihr geschehen ist. Die
Voraussetzung für die Geburt Jesu aus Maria ist für Rilke die
Einfalt, die innere Klarheit, Einfachheit. Die Einfalt bringt
das Große und das Kleine zusammen. Der große Gott kommt
als Kind zur Welt. Der Dichter fragt Maria, ob sie sich Gott,
der zur Erde kommt, größer vorgestellt hat als dieses kleine
Kind, das sie in ihren Armen hält und an ihrer Brust nährt.
Dann macht sich der Dichter Gedanken über die Größe. Er
fängt an mit der Größe des Weltalls, mit der Größe der Köni-
ge, die von weither kommen, um dem Kind ihre Schätze zu
bringen. Doch aller Goldschmuck und alle Geschenke sind
nur von kurzer Dauer. Am Ende bereut man es, weil man es
doch nicht festhalten kann. Doch das Kind zeigt wahre Grö-
ße. Es erfreut die Menschen. Das ist die entscheidende Bot-
schaft, dass durch dieses Kind Freude in die Welt kommt,
eine Freude, die weder Armut noch Reichtum zu rauben ver-
mag, eine Freude, die das Herz erfreut.

Das große Licht

Die wir in Todes Schatten
So lang gesessen sind
Und kein Erleuchtung hatten,
In Gottes Sachen blind,
Und kunnten nichts verstehen,
Nicht Gnaden noch Gericht,
Sehn über uns aufgehen
Anjetzt ein großes Licht.

Ein Licht, dadurch wir schauen
In Gottes Herz hinein,
Dass er in Zuvertrauen
Der unsre nun will sein,
Ein Licht, das heftig brennet
In unser Fleisch und Blut,
Dass sich ein Mensch erkennet
Und was für Sünd er tut.

Ein Licht, das plötzlich fähret
Tief in der Gräber Nacht
Und uns den Tod erkläret
Mit aller seiner Macht,
Das uns vor Augen malet,
Wie nichts sei Welt und Zeit,
Und wie vor allen strahlet
Der Glanz der Ewigkeit.

Simon Dach

Simon Dach, der barocke Dichter geistlicher Lieder, bezieht sich in der ersten Strophe seines Gedichtes auf die Prophezeiung des Propheten Jesaja: „Das Volk, das im Dunkel lebte, hat ein helles Licht gesehen; denen die im Schatten des Todes wohnten, ist ein Licht erschienen." (Jes 9,1) Der Evangelist Matthäus hat diesen Vers zitiert, um das Wirken Jesu zu beschreiben (Mt 4,16). An Weihnachten erstrahlt uns, die wir in Todes Schatten sitzen, in Jesus Christus ein großes Licht. Es bringt uns, die wir in Sachen Gottes blind waren, Erleuchtung. Wenn Gott uns als Licht aufstrahlt, wird unsere Seele hell. Und in diesem Licht schauen wir ins Herz Gottes hinein.

An Weihnachten öffnet Gott sein Herz für uns, damit wir in es hinein sehen. Und wir erkennen im Herzen Gottes, dass er der unsre sein will, dass er hinabsteigt zu uns, um einer unter uns zu werden. Wenn er in Jesus unter uns weilt, dann geht uns das Geheimnis unseres Lebens auf. Aber wir erkennen in diesem Licht auch, dass wir an unserer Wahrheit und an Gott vorbei leben. Das Licht leuchtet sogar in die Finsternis des Todes hinein. Es ist stärker als der Tod. Und es zeigt uns, dass Welt und Zeit nichts sind im Vergleich zum Glanz der Ewigkeit. Es ist ein hoffnungsvolles Gedicht, das Simon Dach uns überliefert hat. Es beschreibt das Geheimnis von Weihnachten als Licht, das all unsere Dunkelheit erleuchtet, das bis in die Nacht des Grabes hinein leuchtet und alles, was uns Angst macht, erhellt und mit Liebe erfüllt. Dieses Licht nimmt uns alle Angst vor Sünde, Bedrohung und Tod.

Stille

Wenn es nur einmal so ganz stille wäre.
Wenn das Zufällige und Ungefähre
Verstummte und das nachbarliche Lachen,
wenn das Geräusch, das meine Sinne machen,
mich nicht so sehr verhinderte am Wachen –:

Dann könnte ich in einem tausendfachen
Gedanken bis an deinen Rand dich denken
Und dich besitzen (nur ein Lächeln lang),
um dich an alles Leben zu verschenken
wie einen Dank.

Rainer Maria Rilke

Das Gedicht aus dem „Stundenbuch", das Rainer Maria Rilke auch überschreibt mit „Vom Mönchischen Leben", spricht nicht nur über die Stille. Indem wir das Gedicht lesen, wird es Stille in uns. Da ergreift uns die Stille, die den Dichter zu diesem Gedicht inspiriert hat. Seine Worte vermitteln die Stille, aus der sie kommen. Und wenn die Stille uns ergreift, dann verstummt alles Zufällige und Ungefähre, dann werden wir ganz wach, dann öffnen wir unser Herz dem Eigentlichen, dem, was unsere tiefste Sehnsucht anspricht. Für Rilke ist es Gott selbst, der in der Stille in uns auftaucht. In der Stille – so meint der Dichter – können wir Gott selber denken. Im Lärm des Alltags scheint Gott uns so fremd, dass wir ihn gar nicht denken können. Doch in der Stille tauchen Gedanken auf, die von Gott selbst kommen. Ja, wir bekommen ein Bild von Gott geschenkt. Und für einen kleinen Augenblick können wir Gott besitzen. Aber es ist nicht das krampfhafte Festhalten an Gott. Es ist vielmehr ein Lächeln, das Gott in uns bewirkt und uns die Gewissheit schenkt, dass er da ist. Wenn wir diese Erfahrung der Stille machen, dann denken wir Gott nicht nur, wir vermögen ihn zu verschenken an alles Leben, an alles Lebendige, an alle Menschen. Und Gott ist dann wie ein Dank, der sich über alles breitet. Auf einmal schauen wir dankbar auf die Welt. Gott, den wir in der Stille erahnen, zu verschenken, ist wie ein Dank, der nicht nur unser Herz, sondern alles Sein um uns herum erfüllt.

Still und heilig

Stille Nacht! Heil'ge Nacht!
Alles schläft; einsam wacht
Nur das traute heilige Paar.
Holder Knab' im lockigten
Haar,
Schlafe in himmlischer Ruh!

Stille Nacht! Heil'ge Nacht!
Gottes Sohn, o wie lacht
Lieb' aus deinem göttlichen
Mund,
Da uns schlägt die rettende
Stund'.
Jesus in deiner Geburt!

Stille Nacht! Heil'ge Nacht!
Die der Welt Heil gebracht,
Aus des Himmels goldenen
Höhn,
Uns der Gnaden Fülle läßt sehn,
Jesum in Menschengestalt!

Stille Nacht! Heil'ge Nacht!
Wo sich heut alle Macht
Väterlicher Liebe ergoß,
Und als Bruder huldvoll
umschloß
Jesus die Völker der Welt!

Stille Nacht! Heil'ge Nacht!
Lange schon uns bedacht,
Als der Herr vom Grimme
befreit
In der Väter urgrauer Zeit
Aller Welt Schonung verhieß!

Stille Nacht! Heil'ge Nacht!
Hirten erst kundgemacht
Durch der Engel Halleluja,
Tönt es laut bei Ferne und Nah:
„Jesus der Retter ist da!"

Joseph Mohr

„Stille Nacht, heilige Nacht" – das ist in der Melodie von Franz-Xaver Gruber wohl das beliebteste Weihnachtslied in deutscher Sprache. Es ist für einfache Menschen geschrieben. Und es ist in einer schwierigen Zeit entstanden, nach jahrzehntelangen kriegerischen Konflikten in Europa, in einer Zeit, die von Angst und Unsicherheit, von Hungersnot und schwierigen wirtschaftlichen Umständen bestimmt war. Dem stellt es eine andere Wirklichkeit gegenüber, es erzählt von Frieden, von Glück und „himmlischer Ruh". Vor allem mit den beiden Worten „still und heilig" deutet Josef Mohr das Geheimnis von Weihnachten – für seine Zeitgenossen, aber auch für uns. Wo Nacht zum Symbol für Dunkelheit und Sinnlosigkeit geworden ist, zum Bild eines Zustands der Depression und Lähmung, da ist sie verwandelt durch das Licht von Weihnachten. Dort, wo Gott in uns ist, entsteht ein heiliger und lichter Raum. Da ist unsere Nacht, die sonst voller Angst und Dunkelheit ist, still und heilig geworden. In diesem Sinn ist dieses Lied bleibender Ausdruck unserer tiefen Sehnsucht nach dem wirklichen Glück, nach dem verlorenen Paradies.

Neujahrsgesang

Nun lasst uns gehen und treten
Mit Singen und mit Beten
Zum Herrn, der unserm Leben
Bis hierher Kraft gegeben.

Wir gehen dahin und wandern
Von einem Jahr zum andern;
Wir leben und gedeihen
Vom alten zu dem neuen.

Durch soviel Angst und Plagen,
Durch Zittern und durch
Zagen,
Durch Krieg und große
Schrecken,
Die alle Welt bedecken.

...

Sei der Verlassnen Vater,
Der Irrenden Berater,
Der Unversorgten Gabe,
Der Armen Gut und Habe.

Hilf gnädig allen Kranken;
Gib fröhliche Gedanken
Den hochbetrübten Seelen,
Die sich mit Schwermut quälen.

Und endlich, was das meiste,
Füll uns mit deinem Geiste,
Der uns hier herrlich ziere
Und dort zum Himmel führe.

Das alles wollst du geben,
O meines Lebens Leben!
Mir und der Christen Schare
Zum selgen neuen Jahre.

Paul Gerhardt

In dem (hier gekürzten) Gedicht bittet Paul Gerhardt zuerst für sich selbst und für den Leser und die Leserin des Gedichtes. Gott möge uns Kraft geben auf unserem Weg, der durch soviel Angst und Plagen hindurchführt. Auch das Neue Jahr wird nicht einfach eine heile Welt für uns sein. Wir werden unsere Wege durch die Wirklichkeit dieser zerrissenen und von Krieg und Schrecken geprägten Welt gehen. Doch Gottes Segen gibt uns die Kraft, in dieser Welt unseren Weg zu finden, der uns zu Gott führt. Er schenkt uns die Fähigkeiten, die wir brauchen, um den nächsten Wegabschnitt gut zu bewältigen.

Im zweiten Teil bittet Paul Gerhardt für andere Menschen, für die Verlassenen, für die, die ihren Weg verloren haben, für die Armen und Unversorgten und für die Kranken und Schwermütigen. Wir beginnen das Neue Jahr nicht allein für uns, sondern in Gemeinschaft mit all den Menschen, deren Not wir kennen. So stellen wir all die Menschen, die mit uns sind, unter den Segen Gottes, damit für sie das Neue Jahr ein „seliges" Jahr wird: ein Jahr, in dem sie immer wieder Glück und Einverstandensein erfahren dürfen.

Vergnügt, erlöst, befreit

Ich bin vergnügt, erlöst, befreit,
Gott nahm in seine Hände meine Zeit.
Mein Fühlen, Denken, Hören, Sagen,
mein Triumphieren und Verzagen,
das Elend und die Zärtlichkeit.
Was machts, dass ich so fröhlich bin
In meinem kleinen Reich?
Ich sing und tanze her und hin
Vom Kindbett bis zur Leich.
Was macht's, dass ich so furchtlos bin,
an vielen dunklen Tagen?
Es kommt ein Geist in meinen Sinn,
will mich durchs Leben tragen.
Was machts, dass ich so unbeschwert
Und mich kein Trübsinn hält?
Weil mich mein Gott das Lachen lehrt,
wohl über alle Welt

Hanns Dieter Hüsch

Der rheinische Kabarettist und Protestsänger Hanns Dieter Hüsch gibt mit seinem fröhlichen Gedicht eine Antwort auf die mittelalterliche Frage: Ich weiß nit, warum ich so fröhlich bin. Hüsch erweitert diese Frage, indem er ihr zwei andere Fragen zur Seite stellt: Was machts, dass ich so furchtlos bin? Und: Was machts, dass ich so unbeschwert bin und mich kein Trübsinn hält? Die Antworten, die Hüsch gibt, sind die Antworten des Glaubens. Da ist einmal die Gewissheit, dass Gott meine Lebenszeit mit allen Höhen und Tiefen in seine Hand nimmt. Alles, was geschieht, alle meine Stimmungen, meine Triumphe und Niederlagen sind in seiner guten Hand. Daher bin ich in jeder Situation in Gottes Hand, in die ich mich ergeben kann, von der ich auch getragen bin, ganz gleich, was geschieht. Die zweite Antwort: Gottes Geist strömt in mich ein. Es ist der Heilige Geist, der mir alle Angst nimmt, weil er mich mit Gottes Kraft ausstattet. Und die dritte Antwort verweist auf den Gott, der mich das Lachen lehrt wohl über alle Welt. Gott lehrt mich das Lachen, weil er der Welt ihre Macht nimmt. Die Welt ist für den, der glaubt, nicht bedrohlich. Er ist befreit von den Maßstäben dieser Welt, nicht mehr dem Druck ausgesetzt, sich überall beweisen und rechtfertigen zu müssen. Vor Gott dürfen wir einfach sein. Da dürfen wir fröhlich tanzen, selbst „bis zur Leich". Unbeschwert, unangefochten auch von Todesangst, können wir durch das Leben gehen, weil Gottes Engel uns beflügeln und uns Anteil schenken an ihrer Leichtigkeit.

Zu den Autoren

Gottfried Benn, 1886–1956, deutscher Arzt, Dichter und Essayist.

Bertolt Brecht, 1898–1956, Dramatiker und Lyriker, Gründer des „epischen Theaters".

Simon Dach, 1605–1659, Dichter des Barock.

Hilde Domin, 1909-2006, eine der bedeutendsten Lyrikerinnen Deutschlands, auch Übersetzerin.

Joseph von Eichendorff, 1788–1857, Lyriker und Schriftsteller der deutschen Romantik.

Hans Magnus Enzensberger, *1929, deutscher Dichter, Schriftsteller, Herausgeber, Übersetzer und Redakteur.

Paul Fleming, 1609–1640, deutscher Arzt und einer der bedeutendsten Lyriker des Barock.

Gertrud von Le Fort, 1876–1971, eine der bedeutendsten katholischen Schriftstellerinnen des 20. Jahrhunderts.

Paul Gerhardt, 1607–1676, ev.-lutherischer Theologe und einer der bedeutendsten deutschsprachigen Kirchenlieddichter.

Johann Wolfgang von Goethe, 1749–1832, Universalkünstler der deutschen Literatur, dessen Werk zur Weltliteratur gezählt wird.

Andreas Gryphius, 1616–1664, Dichter und Dramatiker des Barock und der bedeutendste deutsche Sonettdichter des 17. Jahrhunderts.

Johann Peter Hebel, 1760–1826, Dichter aus dem alemannischen Sprachraum Südbadens, evangelischer Theologe und Pädagoge.

Heinrich Heine, 1797–1856, Dichter, Schriftsteller, Journalist und Satiriker.

Hermann Hesse, 1877–1962, Dichter, Schriftsteller, Freizeitmaler, mit dem Nobelpreis ausgezeichnet.

Hugo von Hofmannsthal, 1874–1929, österreichischer Schriftsteller, Dramatiker, Lyriker und Librettist.

Friedrich Hölderlin, 1770–1843, bedeutender Lyriker, dessen Werk eine selbstständige Stellung neben Weimarer Klassik und Romantik einnimmt.

Hanns Dieter Hüsch, 1925–2005, Kabarettist, Schriftsteller, Schauspieler, Liedermacher.

Mascha Kaléko, 1907–1975, eine der zentralen deutschsprachigen Lyrikerinnen der Neuen Sachlichkeit.

Johannes vom Kreuz, 1542–1591, spanischer Mystiker, Heiliger und Kirchenlehrer.

Nikolaus Lenau, 1802–1850, österreichischer Schriftsteller des Biedermeier.

Friedrich von Logau, 1604–1655, deutscher Dichter des Barock.

Meister Eckhart, ca. 1260–1328, spätmittelalterlicher Theologe und Philosoph, Mystiker.

Joseph Mohr, 1792–1848, österreichischer Priester und Dichter.

Christian Morgenstern, 1871–1914, Dichter, Schriftsteller und Übersetzer.

Eduard Mörike, 1804-1875, evangelischer Pfarrer und Lyriker der Schwäbischen Schule, Erzähler und Übersetzer.

Friedrich Nietzsche, 1844-1900, deutscher Philosoph und klassischer Philologe, der auch dichterische und musikalische Werke hinterlassen hat.

Novalis (Georg Philipp Friedrich von Hardenberg), 1772-1801, einer der bekanntesten deutschen Dichter der Romantik und Philosoph.

Novalis (Band), *1971-1985* bestehende Rockband. Bekannt u.a. durch ihre poetischen Songtexte, mit denen sie sich auf die romantischen Leitgedanken des gleichnamigen Dichters stützten.

Rainer Maria Rilke, 1875–1926, einer der bedeutendsten deutschen Lyriker, der neben Erzählungen auch einen Roman veröffentlicht hat.

Joachim Ringelnatz, 1883–1934, Schriftsteller, Kabarettist und Maler, für seine humoristischen Gedichte bekannt.

Rudolf Alexander Schröder, 1878–1962, Schriftsteller, Übersetzer, evangelischer Kirchenlieddichter, Architekt und Maler.

Angelus Silesius (Johann Scheffler), 1624–1677, Lyriker und Theologe. Seine tiefreligiösen, der Mystik nahestehenden Epigramme gehören zu den bedeutendsten Werken des Barock.

Theodor Storm, 1817–1888, Schriftsteller und Lyriker des deutschen Realismus mit norddeutscher Prägung.

Georg Trakl, 1887-1914, österreichischer Dichter des Expressionismus mit starken Einflüssen des Symbolismus.

Quellenhinweise

Gottfried Benn: Sämtliche Werke. Stuttgarter Ausgabe. Band VII/1: Szenen und andere Schriften. In Verb. M. Ilse Benn (+) hrsg. V. Holger Hof. Klett-Cotta, Stuttgart 2003.

Bertolt Brecht: Werke. Große kommentierte Berliner und Frankfurter Ausgabe, Band 14: Gedichte 4 („Lob des Zweifels") und Band 15: Gedichte 5. („Wechsel der Dinge" und „Auf einen chinesischen Teewurzellöwen") © Bertolt-Brecht-Erben / Suhrkamp Verlag 1993.

Hilde Domin: Gesammelte Gedichte © S. Fischer Verlag GmbH, Frankfurt am Main 1987.
Sämtliche Gedichte © S. Fischer Verlag GmbH, Frankfurt am Main 2009.

Hermann Hesse: Sämtliche Werke in 20 Bänden. Herausgegeben von Volker Michels. Band 10: Die Gedichte. © Suhrkamp Verlag Frankfurt am Main 2002. Alle Rechte bei und vorbehalten durch Suhrkamp Verlag Berlin.

Hanns Dieter Hüsch: „Ich bin vergnügt", aus: ders.: Sinnfrage und Humor, in: Peter Reifenberg (Hg.), Sehnsucht nach Sinn. Knecht-Verlag, Frankfurt am Main 2003.

Mascha Kaléko: In meinen Träumen läutet es Sturm. © 1977 dtv Verlagsgesellschaft, München.

Gertrud von Le Fort: Gedichte und Aphorismen. Ehrenwirth-Verlag, München 1984. © Deutsche Schillergesellschaft, Marbach am Neckar.

Rudolf Alexander Schröder: Gesammelte Werke in fünf Bänden. Band I. Die Gedichte. © Suhrkamp Verlag Berlin und Frankfurt am Main 1952. Alle Rechte bei und vorbehalten durch Suhrkamp Verlag Berlin.

Wir danken den Rechteinhabern für die freundliche Abdruckgenehmigung.

52 einfache Rituale für jede Woche

136 Seiten | Kartoniert
ISBN 978-3-451-06980-2

Rituale begleiten unser Leben. Sie bringen uns in Berührung mit uns selbst. Rituale strukturieren das Leben. Sie geben ihm den richtigen Rhythmus. Die Rituale in diesem Buch möchten dabei helfen, einfach zu leben. Woche für Woche lädt Anselm Grün zu kurzen Übungen ein. Es sind keine komplizierten Methoden. Die Rituale lehren uns, einfach da zu sein, uns und den Augenblick zu spüren. Viele von ihnen gehen über den Körper, über den Atem, über eine Gebärde.

In jeder Buchhandlung!

Sehnsucht ist der Anfang von allem

224 Seiten | Gebunden
ISBN 978-3-451-00768-2

Endstation Sehnsucht? Nein! Im Gegenteil: Sehnsucht ist der Anfang von allem. Denn sie macht das Herz weit, gibt den Träumen Raum und der Seele Atem. Sie macht unser Leben reicher, weil sie uns in Berührung bringt mit einer inneren Kraft, die unser Leben und unseren Alltag verwandelt. Anselm Grün rät: Höre auf die Stimme deines Herzens. Bleib deinen Träumen auf der Spur. Das ist der Weg zu einem erfüllten Leben. Hier und jetzt.

In jeder Buchhandlung!

HERDER

www.herder.de